I0567347

DISCLAIMER

The author and publisher are providing this book and its contents on an "as is" basis and make no representations or warranties of any kind with respect to this book or its contents. The author and publisher disclaim all such representations and warranties, including but not limited to warranties of merchantability. In addition, the author and publisher do not represent or warrant that the information accessible via this book is accurate, complete, or current.

Except as specifically stated in this book, neither the author nor publisher, nor any authors, contributors, or other representatives will be liable for damages arising out of or in connection with the use of this book. This is a comprehensive limitation of liability that applies to all damages of any kind, including (without limitation) compensatory; direct, indirect, or consequential damages; loss of data, income, or profit; loss of or damage to property; and claims of third parties.

FIRST EDITION - Published 2022

Extra Graphic Material From: www.freepik.com
Thanks to: Alekksall, Starline, Pch.vector, Rawpixel.com, Vectorpocket, Dgim-studio, Upklyak, Macrovector, Stockgiu, Pikisuperstar & Freepik.com Designers

This Book Comes With Free Bonus Puzzles
Available Here:

BestActivityBooks.com/WSBONUS20

5 TIPS TO START!

1) HOW TO SOLVE

The Puzzles are in a Classic Format:

- Words are hidden without breaks (no spaces, dashes, ...)
- Orientation: Forward & Backward, Up & Down or in Diagonal (can be in both directions)
- Words can overlap or cross each other

2) ACTIVE LEARNING

To encourage learning actively, a space is provided next to each word to write down the translation. The **DICTIONARY** allows you to verify and expand your knowledge. You can look up and write down each translation, find the words in the Puzzle then add them to your vocabulary!

3) TAG YOUR WORDS

Have you tried using a tag system? For example, you could mark the words which have been difficult to find with a cross, the ones you loved with a star, new words with a triangle, rare words with a diamond and so on...

4) ORGANIZE YOUR LEARNING

We also offer a convenient **NOTEBOOK** at the end of this edition. Whether on vacation, travelling or at home, you can easily organize your new knowledge without needing a second notebook!

5) FINISHED?

Go to the bonus section: **MONSTER CHALLENGE** to find a free game offered at the end of this edition!

Want more fun and learning activities? It's **Fast and Simple!**
An entire Game Book Collection just **one click away!**

Find your next challenge at:

BestActivityBooks.com/MyNextWordSearch

Ready, Set... Go!

Did you know there are around 7,000 different languages in the world? Words are precious.

We love languages and have been working hard to make the highest quality books for you. Our ingredients?

A selection of indispensable learning themes, three big slices of fun, then we add a spoonful of difficult words and a pinch of rare ones. We serve them up with care and a maximum of delight so you can solve the best word games and have fun learning!

Your feedback is essential. You can be an active participant in the success of this book by leaving us a review. Tell us what you liked most in this edition!

Here is a short link which will take you to your order page.

BestBooksActivity.com/Review50

Thanks for your help and enjoy the Game!

Linguas Classics Team

1 - Antiques

```
Ч Ц У Г Л У У Л А Г Ч З Ф Н
Ү А И Ѳ Ю Н Л У Ц Р Л У П Ѳ
Н Ѳ Н А Р В А Н Ж И Л У Н Х
Э Ү Ы А Г Н М Й Б Е Ь Н Ү Ц
Т Н С Д Р Ъ И Ж Е Ф А Ы Ь Ѳ
Э Э У Е Ь А Р Б Ц Р Ч Ь Ъ Л
Д Ц Б К Ү Я А Ф Е Э Е Ю Б Т
Л Э Р Ы У Ъ Б Л У Э Г Л Р Ж
Э Н Е Ж Ш Г Н Ү Р С И Ю А Н
Л Э П Ъ Ү Н Э Л Л Ж П Я Х Г
Х У У Ч И Н Г Я А М В Э Х И
Ж И Н Х Э Н Э Ж Г Э М И Ч Ш
З О О С Е Ж Д Ѳ Ъ Д И Ч Ц Ъ
Т А В И Л Г А Ф Ц С Ж Ы Ф Л
```

УРЛАГ	ТАВИЛГА
ЖИНХЭНЭ	ГАЛЕРЕЙ
ЗУУНЫ	ҮНЭТ ЭДЛЭЛ
ЗООС	ХУУЧИН
ЦУГЛУУЛАГЧ	ҮНЭ
НѲХЦѲЛ	ЧАНАР
АРВАН ЖИЛ	БАРИМАЛ
ЧИМЭГ	ХЭВ МАЯГ
ДЭГЭН	ЕР БУСЫН
ДЭМЖСЭЭР	ҮНЭ ЦЭНЭ

2 - Food #1

```
Ж Э Ю Я Ь К С С Ш Y Y С И А
И Л И З А Б Х А А Ъ Ф Ж Ф Y
У С М А Н Ж И Н М Л Ө Ш Ы Г
Г Э Н С А Р М И С А А Ж Л Х
Y Н О Н И Г Н О С Ы Р Т И А
З Ч М Т У Н А Ц Б Я Ж Р Й С
Э И А Р В А Й А Ц У У Б Р Г
Э Х Н Д У В Ж С Л Ц Ю Б У Y
Л Э Н А Ю У И Ч С И С Y Y Й
З Р И В Г У Л Н Ж Ь М В Т Л
Г Ь Ц С Ь Л Ъ Б Р Ъ К О В С
Э Н Б Т Х Ъ Ө Ю П Ф Л У Н М
Н П В Я А Л У Ю Ю М Ц Ъ Ш Ь
Э А Н Ц С Ш Д Н С К Г Д М В
```

ГҮЙЛС	САМАР
АРВАЙ	ЛИЙР
БАЗИЛ	САЛАТ
ЛУУВАН	ДАВС
ЦИННАМОН	ШӨЛ
САРМИС	БУУЦАЙ
ШҮҮС	ГҮЗЭЭЛЗГЭНЭ
ЛИМОН	ЭЛСЭН ЧИХЭР
СҮҮ	ТУНА
СОНГИНО	МАНЖИН

3 - Exploration

```
С Л А Б Ж Ь А З С Ш Ч Ч Г Ү
Х Э Н И Ш О Ш О У Г Ү М Ъ Й
О Р О Н З А Й Р Р Т С Л А Л
Л Э Ү И Ш О Е И А Ъ М Х Ж А
Й А Т Л У Ю А Г Х Б Ү Б Ж Ж
О А Ю В М Р М Д А Я Л А Л И
Х Ю Л Ю Ш Э Я Д А Р Г А А Л
Р У Ы П С Ф Д С Э Т Г Э Л Л
О Л С Ф Ш Х А Э З Г Ъ Ь О А
Д Р Ү О Д Э Т Ь Г Э И Х И Г
О А И М Ё Л Ь Я Ч Д Р С Ч А
Т Л Э Э Н Л М Д М Ф Э Л О А
В Ъ У Б К С А Г У О Ө Х Э Т
У У Т К Ы Я М Р Ж Х Ы Н Ч Г
```

ҮЙЛ АЖИЛЛАГАА
АМЬТАД
ЗОРИГ
СОЁЛ
ТОДОРХОЙЛОХ
НЭЭЛТ
АЛС
СЭТГЭЛ
ЯДАРГАА
АЮУЛ

ХЭЛ
ШИНЭ
АЮУЛТАЙ
ЭРЭЛ
ОРОН ЗАЙ
СУРАХ
АЯЛАЛ
ҮЛ МЭДЭГДЭХ
ЗЭРЛЭГ

4 - Measurements

А	Л	Г	Е	О	М	Ю	Х	Д	Ш	Ө	Я	Ж	О
Ө	Н	Д	Ө	Р	А	Т	О	Л	Ц	Ц	Ж	Ө	Л
Н	Т	Л	О	И	С	Э	З	Л	Э	Х	Ү	Ү	Н
П	Ж	Я	Ч	З	С	П	Т	О	Ъ	П	С	Р	Ө
Д	Л	Н	Ф	Э	У	Р	Т	Ю	И	Д	Ф	В	Г
Д	М	М	А	Р	Г	О	Л	И	К	Н	Д	Р	Р
Л	И	Т	Р	Э	А	Б	Н	Ф	К	М	Ч	Ю	Ө
Ш	Т	Ж	Ш	Г	М	Ү	М	Е	С	И	Ж	Ь	А
Т	У	Н	И	М	О	О	Е	Ц	М	Н	Ч	Ф	О
Ф	О	Г	Р	А	М	Ы	Т	Б	А	Й	Т	А	О
Ч	М	Н	Ы	Т	В	А	Р	А	У	Ь	Р	О	Л
И	Р	Л	Н	Ү	Г	Г	И	Ж	Л	Н	Ж	Д	С
К	И	Л	О	М	Е	Т	Р	И	Ю	В	Ц	С	Х
Ь	Я	Ү	Ц	Г	Г	Ш	Н	Ш	Б	К	Х	О	

БАЙТ	УРТ
СМ	ЛИТР
АРАВТЫН	МАСС
ЗЭРЭГ	МЕТР
ГҮН	МИНУТ
ГРАМ	УНЦ
ӨНДӨР	ТОНН
ИНЧ	ЭЗЛЭХҮҮН
КИЛОГРАММ	ЖИН
КИЛОМЕТР	ӨРГӨН

5 - Farm #2

```
Х Ж У С А Л Г А А Ц Ц А Ж Х
Е Y Ь Х А Ш Ф Ц Н Y Э М Ц У
Ц Х Н Н У Г А С Р Ф Ц Ь Ъ Р
И В О С Ж И М С Р У Э Т Ѳ Г
Я Ѳ Х Б Н О Ц О М Д Р А А А
Ж Ж Р Ш А И Ч А В М Л Д Y Э
В Н Е И Ь Ф Й Ц М А Э Ф И Р
Т Э М Э Э Н А Н Р Б Г К Х Д
Е Ч Р Ж Ф К В Р О Ъ А Р П Э
П Х Е У Б Ь Р У Т Г С А Ы Н
Л Б Ф Ь Р Ѳ А У К Ц О Y Р Э
О И Y А Л Ы Г Д А И Е О Y Ш
О Ч Б У П М У Р Р Ъ Н Б Ѳ И
Х О Н Ь Ч И Н Ѳ Т С Х А И Ш
```

АМЬТАД	ХУРГА
АРВАЙ	ТЭМЭЭН
АМБААР	НУГА
ЭРДЭНЭ ШИШ	СYY
НУГАС	ЦЭЦЭРЛЭГ
ФЕРМЕР	ХОНЬ
ХООЛ	ХОНЬЧИН
ЖИМС	ТРАКТОР
УСАЛГАА	ХYНСНИЙ НОГОО

6 - Books

```
Н Ө Х Ц Ө Л А Р В У Ц Б Я А
Й Б О А Ь О Р С Л Г У И Р Б
И Ж Д Д Ү И Б К Ъ Ү Ө Ч У Р
Л К Г А Г Х Ц М Н О Х С У И
Э Г О Л Э О М Ч Ө Ж Ь Э Н Е
Э Ф Б Я Л З Ш Т Ү Ү Х Н А Н
Т Ф Л В Ү Н У Н Ш И Г Ч Й Ө
Ү Ч О Д Ш А Р Х И Ъ Н М Р Г
Б Ч Х А А Р Н О У Ш В Ү А Ү
Я Ч И Л Т У Ю Ь М У О Ө Г Ү
Э М Г Э Н Э Л Т И А Д Х Ъ Л
З О Х И О Г Ч Ө Х Б Н А О Э
Ц У Г Л У У Л Г А Ю Ч У С Г
Т У У Л Ь Ф Р Т Ү Ү Х Э Н Ч
```

АДАЛ ЯВДАЛ	РОМАН
ЗОХИОГЧ	ХУУДАС
ЦУГЛУУЛГА	ШҮЛЭГ
НӨХЦӨЛ	ЯРУУ НАЙРАГ
ТУУЛЬ	УНШИГЧ
ТҮҮХЭН	ХОЛБОГДОХ
ХОШИН ШОГ	ЦУВРАЛ
БҮТЭЭЛИЙН	ТҮҮХ
УРАН ЗОХИОЛ	ЭМГЭНЭЛТ
ӨГҮҮЛЭГЧ	БИЧСЭН

7 - Meditation

```
Б Т Л Б А Э Н Э Р Ү Ү Л Э Х
О А Ѳ А А Н Е Н Е Ж Х З Э О
Д Й Л Т Г Й Х Ж А Д Э У Н Ю
О В Д Я У С Г А Ж И Т Р Х У
Л А Ѳ Х Ж Э Ь А А К И Ш Т Н
Т Н Х Ѳ Ч Р Б М Л Р Й И А У
А М Л Д И Ү П Ф А Ь Н Л Й Х
Л Ц Э Ѳ М Ү О М Г Л Т Е В А
А И Г Л Э Н И Ъ Р М Ѳ К Н А
Р Ч Т Г Э Ю Я У А Е Л Ѳ Ы Н
Х Н Э Ѳ Г О М И Ж Г Ѳ Х А У
А Ү С Ѳ Ү Г Ь Ч З П В Ѳ Ц Г
Л Л О Н Й Л Ү Ц А С У Р А Х
С Э Т Г Э Ц И Й Н С Ч И Н К
```

АНХААР	ОЮУН УХААН
СЭРҮҮН	ХѲДѲЛГѲѲН
АМЬСГАЛ	ХѲГЖИМ
ТАЙВАН	БАЙГАЛЬ
ЭНЭРҮҮЛЭХ	ЭНХ ТАЙВНЫ
СЭТГЭЛ ХѲДЛѲЛ	ХЭТИЙН ТѲЛѲВ
ТАЛАРХАЛ	ЧИМЭЭГҮЙ
ЗУРШИЛ	БОДОЛ
АЗ ЖАРГАЛ	СУРАХ
СЭТГЭЦИЙН	

8 - Energy

```
З Ж Ф Ц Ц С Б Б Ц Х Б Ы С В
Х А Ъ Ө Т Ъ Р Ч А Ө О Ж Э Х
Н Ц Й М Т Ү Ө Б Х Д Х Ч Р Е
М Х Н И Ч И Л Я И Ө И К Г О
М Ы Н Й А Я Ф Ш Л Л Р Д Э Ш
Ү П Б Н О Т О Ф Г Г Д У Э Ж
У С Т Ө Р Ө Г Ч А Ү О Л Г Ю
У Б Е Н З И Н К А Ү Л А Д Т
Д Д Л П В П К Х Н Р Р А Э У
И О Ч Р Ш О С А Л Х И Н Х Р
З К Ш М О Р Э В Д Л Й Ү Ж Б
Е Ъ Д Й Э Т С Р Ү Ү Н К Н И
Л К Ю Ц Ж Н О Р Т К Е Л Э Н
Ь Ж Ц Т Я Э Х М Ц Я С Е Ө И
```

ЗАЙ	УСТӨРӨГЧ
НҮҮРСТЭЙ	ҮЙЛДВЭР
ДИЗЕЛЬ	МОТОР
ЦАХИЛГААН	ЦӨМИЙН
ЭЛЕКТРОН	ФОТОН
ХӨДӨЛГҮҮР	БОХИРДОЛ
ЭНТРОПИ	СЭРГЭЭГДЭХ
ТҮЛШ	ТУРБИН
БЕНЗИН	САЛХИ
ДУЛААН	

9 - Chess

```
Т У Н Ы О Д Ү С М У Т Ц О Р
У Э У Л Л Ү П У И Д О А Т Ч
В Ь М Р Ш Р М Р Е Р Г Г О Ж
Х Л Б Ц Ъ Э Й А К Х Л А Г Ъ
Т А Б О Э М А Х И Д О А Л У
Л Н Т Я Ц Э Т Х А Р О Н О И
Ү О Ц А Г Ч Н А А Х М Ү Г С
Л Г А Ц Н А А Д Л А Р У Ч Т
О А С Х Ю Ы А А В А Р Г А Р
Н И А Г Л И Х А Т Ш Х Ө Ъ А
О Д Ш Д Ы П У Ш А Ү Ж Ө О Т
О Ы Д В П И Д Э В Х Г Ү Й Е
К Ч Ж Ө Р С Ө Л Д Ө Г Ч И Г
Ж Т Р У У Ч Е А У Х Е Я Г И
```

ХАР	ОНОО
АВАРГА	ХАТАН
УХААНТАЙ	ДҮРЭМ
УРАЛДААН	ТАХИЛГА
ДИАГОНАЛЬ	СТРАТЕГИ
ТОГЛООМ	ЦАГ
ХААН	СУРАХ
ӨРСӨЛДӨГЧ	ТЭМЦЭЭН
ИДЭВХГҮЙ	ЦАГААН
ТОГЛОГЧ	

10 - Archeology

```
М  Э  Р  Г  Э  Ж  И  Л  Т  Э  Н  Ъ  А  Ш
Б  Ц  Э  Р  Т  Н  И  Й  П  Т  И  В  Р  Г
Ү  У  Ъ  Н  Л  Р  П  Г  Ж  К  Р  Ч  И  Д
Н  У  Л  Я  Й  Ъ  Л  С  И  Ө  Э  А  У  Х
Э  Н  Ц  Ш  И  Р  Г  Э  Н  Ш  И  Л  Н  Ч
Л  А  Ө  И  Х  Ы  Г  Ю  Ь  Ю  Д  Д  С  Р
Г  С  М  А  Р  Т  С  А  Н  Р  Ч  Ү  Ү  Е
Э  Ж  А  Э  Э  Г  Л  И  Ж  Н  И  Ш  М  Л
Э  У  Д  О  Т  Р  О  Ц  Ц  У  Я  Л  Ы  И
Я  У  У  И  Л  Ы  Ж  Б  П  Л  Б  С  Я  К
Ж  Л  Ө  С  Э  Н  Ө  М  Ъ  Р  А  А  В  Ю
Ю  У  Х  Ф  Х  М  Ф  М  Ж  Е  Г  С  Р  Ц
К  Ч  А  С  У  Д  Л  А  А  Ч  К  Ц  М  В
Ү  Л  М  Э  Д  Э  Г  Д  Э  Х  В  Т  Ц  Х
```

ШИНЖИЛГЭЭ	ХЭЛТЭРХИЙ
ЭРТНИЙ	НУУЦ
ЯС	ОБЪЕКТ
ИРГЭНШИЛ	ВААР
УДАМ	РЕЛИК
ЭРИН	СУДЛААЧ
ҮНЭЛГЭЭ	БАГ
МЭРГЭЖИЛТЭН	АРИУН СҮМ
МАРТСАН	БУЛШ
ЧУЛУУЖСАН	ҮЛ МЭДЭГДЭХ

11 - Food #2

```
Б  Х  Х  С  Л  В  У  Ш  А  И  З  И  С  У
Р  О  Я  Д  Ю  Е  Л  О  Р  Н  А  Я  Е  С
О  М  У  В  Ф  Д  А  К  Т  Т  Г  М  Л  А
К  К  Ц  Я  Ж  Ц  А  О  И  О  А  Ч  Ө  Н
К  Ч  Ү  Х  Р  У  Н  Л  Ш  О  С  Я  Д  Ү
О  О  Ф  В  Ц  Д  Б  А  О  Р  Н  Л  Е  З
Л  И  Д  А  Г  Ш  У  Д  К  Ш  Ь  М  Р  Э
И  Б  У  Д  А  А  У  Ь  Ы  Ъ  Ч  О  Е  М
Т  А  Х  И  А  Х  Д  Г  И  К  С  Д  Й  И
Ь  Л  О  О  Л  Н  А  А  Л  У  И  П  В  Л
Ө  Н  Д  Ө  Г  Х  Й  Ц  М  И  Ү  В  Р  А
П  О  Р  Я  Ө  Г  А  Р  А  Т  Ч  Г  И  Р
Ж  Р  Х  Ъ  Ө  Ь  Х  М  Б  Я  С  Л  А  Г
Р  Ш  Ю  Я  М  Ы  Д  Ө  Ж  Ы  И  Х  Ы  С
```

АЛИМ
АРТИШОК
ГАДИЛ
БРОККОЛИ
СЕЛӨДЕРЕЙ
БЯСЛАГ
ИНТООР
ТАХИА
ШОКОЛАД
ӨНДӨГ

ХАШ
ЗАГАС
УСАН ҮЗЭМ
ХАМ
КИВИ
МӨӨГ
БУДАА
УЛААН ЛООЛЬ
УЛААН БУУДАЙ
ТАРАГ

12 - Chemistry

```
У О Н А Ь Ж Ц Л Ө Г И О А Т
С Р Ы Ү И Н Ь Е Н Ш С И Х Е
Т Г М Ш Ү О Д Х Ү Ч И Л И М
Ө А О И Ъ Р Н У Л Ь Ж М Й П
Р Н Т Н Ц О С Я Л Ю И Р Э Е
Ө И А Г Ө Т Д Т Г А Н Г Л Р
Г К Х Э М А П Н Э Р А В Е А
Ч М Ү Н И З Ф Е Л Й Ь Н К Т
Ы О Я В Й И Ө М Т Ү У Д Т У
Н Л В Д Н Л А Р Л Х П А Р Р
Ь Е У Х А А Ю Е Ү И Ж В О О
Ъ К Н Ү Х Т Ы Ф Ш Ө Ф С Н Л
Ф У С С Ш А П А М Ү Б Ч И Х
О Л Ж Д Ш К Г В Т Б Б П Ъ Ү
```

ХҮЧИЛ	УСТӨРӨГЧ
ШҮЛТЛЭГ	ИОН
АТОМЫН	ШИНГЭН
НҮҮРСТЭЙ	МОЛЕКУЛ
КАТАЛИЗАТОР	ЦӨМИЙН
ХЛОР	ОРГАНИК
ЭЛЕКТРОН	ДАВС
ФЕРМЕНТ	ТЕМПЕРАТУР
ХИЙ	ЖИН
ДУЛААН	

13 - Music

```
Д Д У У Л Э Ь Ы Ю Y Ь Ф М Х
Ц У М Ы П В Б А Г А Ж Ч Е Ѳ
Г О У Х Ѳ Г Ж И М Ч И Н Л Г
Г У М Ч А Л Д Ш Б Н С В О Ж
А Д Р О И Б У В Д А О Ш Д М
И Т Ю Ш Г Н У К Ц Й Н Т И И
Ц Ш К С Ь Л Р И Ш Р Г О Д Й
Б И Ч Л Э Г Ь Н М А О Г У Н
Х М И К Р О Ф О Н Л Д Л У Ы
Ю Э У А Р С Р М Ы Н О О Н Г
Н У М Н М Y Е Р Т Р Г Х Ы Н
Ж Ч Ш Н Е С Г А Р С В Е Х Я
А Е Ж Р Э Ф Ъ Г У Н Ъ Y Л У
Ч Ы В Ъ У Л Н Б Т Ю У Т Ш У
```

ЦОМОГ	МИКРОФОН
УРТЫН	ХѲГЖМИЙН
НАЙРАЛ	ХѲГЖИМЧИН
СОНГОДОГ	ДУУРЬ
ГАРМОНИК	БИЧЛЭГ
ЭВ	ХЭМНЭЛ
ТОГЛОХ	ДУУЛ
БАГАЖ	ДУУЧИН
УЯНГЫН	ДУУНЫ
МЕЛОДИ	

14 - Family

```
Ь Х Т Е Ч Х А Ч Д У В Ы В И
В В Ү Ь Ү Ъ Ч Г Э А Г В А Ү
Б Н Ю Ү К Х Х Э Х И Й Н А Ф
Д Ү Ү Д Х Ү Ү Х Ү Э Х Н Э Р
Е Б Ж Х Л Э Ү Ү Ү Е Х С В У
Ү Ъ Р Ч Х Э Д Ч Х Ы Е Т И П
Ɵ В Ɵ Ɵ Н З Т Н Ɵ У П П И У
Н К Р Ц В Х А У А Г Б Г К М
П Ɵ А В Г А А Х Ъ С Ɵ Б Ш Л
Ц К Х Ю Ц А Ъ Ю Ɵ А В М И Ц
Д Ь Ж Ɵ М К Г Л Л Х Ɵ Е Ь Б
Е Ы Я С Р Х Э Э Ж М Г Г У Ɵ
Ү Н А А Ю Г Ц Е Е Ц Г Я С М
О Х И Н Ч Я Э Ү Ю Л П В М Я
```

ƟВƟГ	ƟВƟƟ
АВГА ЭГЧ	АЧ ХҮҮ
АХ	НƟХƟР
ХҮҮХЭД	ЭХИЙН
ХҮҮХЭД НАС	ЭЭЖ
ХҮҮХДҮҮД	ЗЭЭ
ҮЕЭЛ	ЭЦЭГ
ОХИН	ЭГЧ
ААВ	АВГА АХ
АЧ	ЭХНЭР

15 - Farm #1

```
Т  Ь  Й  Х  В  Ф  Я  С  И  А  А  Д  У  Б
З  А  У  Ж  Э  А  Е  Ү  Г  А  А  Ю  Д  О
Ө  У  Х  Й  Ь  Л  Ы  Г  В  М  Я  О  Ф  Р
Г  Н  А  И  Б  Ы  Б  Ш  Т  Я  П  Р  Х  Д
И  Х  Ж  Г  А  Ю  Ф  Э  Ф  С  Ю  Ъ  А  О
Й  Э  А  Ө  Д  В  Ү  Ю  Р  У  У  М  Д  О
Н  Р  Ө  З  У  И  Р  М  Ү  Ү  Д  И  Л  Х
Б  Э  Ө  И  Л  Ж  И  Г  Ю  Ж  Х  Б  А  А
А  Э  Д  Ю  Ф  Л  А  Я  Ь  Ъ  Ф  Э  Н  Ш
Л  Ю  Ө  Р  Р  Д  Т  Х  Я  Г  Ө  М  Р  А
Й  О  Х  О  Н  М  У  Б  И  З  О  Н  И  А
К  И  Ю  Ү  Ц  О  Г  Ь  Ю  Ъ  Т  С  Ж  Ж
Ж  Т  Ш  К  О  Р  А  А  К  Ф  У  Ү  Ю  Ж
Ш  С  В  У  Д  Ь  Л  Т  Г  Ө  К  Ү  Я  Ъ
```

ХӨДӨӨ АЖ АХУЙ	ХАШАА
ЗӨГИЙ	БОРДОО
БИЗОН	ХЭЛБЭР
ТУГАЛ	ЯМАА
МУУР	ХАДЛАН
ТАХИА	ЗӨГИЙН БАЛ
ҮХЭР	МОРЬ
ХЭРЭЭ	БУДАА
НОХОЙ	ҮР
ИЛЖИГ	УС

16 - Camping

```
Ъ Ж Й И Р Т П Р У Б Е Ц Г О
В Т Э М О Д Ю П А У П Ф И Л
Н Ж Т Б А Й Г А Л Ь Л А Г С
С Э Л Ү Ү Р Т З А В Ь С О Ж
И Г И Ш Ы М А М Ь Т А Д Ю Х
М Н Ж О Л Л А Д В Я Л А Д А
А Г Г Н Л К С Л М Б Л Ү Ф Я
Й Х Ө Т Ъ Р А С Г М О Ъ К Ц
Х П Х Ь Р У Ө Ц Ү А У К Ж Т
А Т Ы Н А У Я Ц К Ч Й Ы Ш В
Н И Б А К Н Б Ө С Ш А В Ь Ж
Л У У Ж И Н Д Э Н Л Ү Ү О А
М П В Я Г Р К Ъ Г Ө В У Й Ь
Г А З Р Ы Н З У Р А Г О Н Б
```

АДАЛ ЯВДАЛ	ШАВЬЖ
АМЬТАД	НУУР
КАБИН	ДЭНЛҮҮ
СЭЛҮҮРТ ЗАВЬ	ГАЗРЫН ЗУРАГ
ЛУУЖИН	САР
ГАЛ	УУЛ
ОЙН	БАЙГАЛЬ
ХӨГЖИЛТЭЙ	ОЛС
МАЛГАЙ	МАЙХАН
АН	МОД

17 - Cats

```
Х  Р  Ж  Б  М  Ц  Б  И  Т  Ю  Х  З  З  У
А  У  Б  Я  Ц  Х  А  Н  А  У  У  Э  Ү  Р
Ы  Ш  Р  Г  Б  Х  И  Н  В  Ү  Л  Р  Г  Ф
Ю  У  А  Д  Л  А  А  М  Х  И  Г  Л  Г  Б
О  О  Й  Т  А  Т  Н  П  А  О  А  Э  Ү  Ш
М  Ъ  Э  Ч  М  Н  У  Ч  Й  В  Н  Г  Й  Ц
Л  И  Т  Ц  Ъ  У  Ш  Р  И  О  А  У  Ч  Д
Ү  С  Л  Э  Г  Х  У  М  С  Н  Ф  Т  Ь  Ъ
С  Й  И  Х  М  И  Ч  И  Г  Г  Л  Р  К  Г
О  К  Ж  Х  У  В  И  Й  Н  А  Ѳ  М  Ч  О
Н  Н  Г  Ф  Ж  Р  У  Ш  Д  А  Л  Ү  Ү  С
И  Р  Ѳ  Н  Ы  А  Т  А  Н  Ү  Ц  З  У  А
У  Ф  Х  Б  И  Е  Д  А  А  С  А  Н  У  Т
Ч  Ь  Ч  Р  Д  Ш  С  Ю  Н  Ж  Ү  К  Ф  У
```

ХУМС	ХУЛГАНА
ГАЛЗУУ	ТАВХАЙ
СОНИУЧ	ХУВИЙН
ХУРДАН	ЗҮГГҮЙ
ХӨГЖИЛТЭЙ	ИЧИМХИЙ
ҮСЛЭГ	УНТАХ
АНЧИН	СҮҮЛ
БИЕ ДААСАН	ЗЭРЛЭГ
БЯЦХАН	УТАС

18 - Algebra

Л	Г	Ь	Х	А	С	А	Х	Ү	Т	Д	Х	Д	Х
Ү	Ц	Е	О	Я	Ж	Н	П	Ф	О	М	У	И	Я
В	Л	М	В	О	З	Т	Б	Ю	М	А	В	А	Л
Н	Э	М	Э	Л	Т	Г	М	М	Ъ	Т	Ь	Г	Б
Ү	Д	У	Ч	Й	Ү	Е	А	Ѳ	Ё	Р	С	Р	А
В	Й	Ч	Г	Ү	Р	Ь	О	А	О	И	А	А	Р
Ч	И	Ш	Э	З	Н	О	Л	С	Р	Ц	Г	М	Ш
Ч	Ш	У	Г	Н	Ф	Р	А	К	Ц	Г	Ч	М	У
Л	Э	Г	Т	И	Ш	Г	Э	Т	Я	С	Ү	Ц	У
А	В	А	Л	Ч	А	С	У	У	Д	А	Л	Й	Л
Д	С	М	И	Ү	Х	Э	Л	Т	Э	С	Т	Г	А
У	И	А	Ж	Х	Ш	М	Ш	Х	Л	К	С	Ч	Х
Х	О	Н	Х	А	А	Л	Т	Р	Ь	И	Б	К	А
Е	Т	Э	Г	Г	Т	Ц	Я	В	Н	Я	И	Ю	П

НЭМЭЛТ

ШУГАМАН

ДИАГРАММ

МАТРИЦ

ХЭЛТЭС

ТОО

ТЭГШИТГЭЛ

ХААЛТ

ИЛТГЭГЧ

АСУУДАЛ

ХҮЧИН ЗҮЙЛ

ХЯЛБАРШУУЛАХ

ХУДАЛ

ШИЙДЭЛ

ТОМЪЁО

ХАСАХ

ФРАКЦ

ХУВЬСАГЧ

ХЯЗГААРГҮЙ

ТЭГ

19 - Numbers

```
В Ө А Т Х Ь К Л Д Д Ц Ө Ч Г
Х Н А Р Ё О Х Т Ө А О Ъ Ж Ф
Н Э Г Ю Ф О Р Я Н Р Ъ Л Г Ъ
Ц В Р Ө П Ю П И Р В К Ш О Р
Ы В У Ф М Й А Н Н А Ь П Ю О
Е Б З Х Й Р Ё О Х Н А В Р А
Г С Н Г А Ц А Ф О Д У Ц Ф Р
Л Y А У Н М Т Е С Ө В К Б В
А Ф В Р Н Ь Ө С Ж Р Ъ Ө К А
Д А Р А А Г Р У З Ө Х Y Ж Н
П Ө А В В А Т Н А В Р А Ц Е
В А Р А Р В А Н Г У Р А В С
С Ф Т Ө А А Р А В Т Ы Н Y Ө
Ө Ъ Ц Ы В Т Е Ө Е Т С Ш Ю Н
```

АРАВТЫН	ДОЛОО
НАЙМ	ЗУРГАА
АРВАН НАЙМ	АРВАН ЗУРГАА
АРВАН ТАВ	АРАВ
ТАВ	АРВАН ГУРАВ
ДӨРӨВ	ГУРАВ
АРВАН ДӨРӨВ	АРВАН ХОЁР
ЕС	ХОРИН
АРВАН ЕСӨН	ХОЁР
НЭГ	

20 - Spices

```
Ж Ү Б А Ы Л С Ю Д Ж К Ю Р И
А Н О М А Н Н И Ц А П Ч Ч Я
Ү К Н Т Ш Р А Ю М Б В Ѳ А И
Л О И А Ъ Г Х М Ѳ Р Ш С У Ч
И Р Г Т Ф Ц Й Ю Т М А Л Р Н
К И Н Ч Ь М А Ъ Ф Ч А С Ю О
О А О И Л О С У Х Ү Г Х Ч Р
Р Н С Н И М У К Л Е Н Н Е Ф
И Д А Ж Н А Б Ү У Ъ А С П Ф
С Е Ы Ү А Д Г Ъ М Ю А К В А
Н Р Ю Ү В Р О К В В Г Е А С
О И Т Я К А Н У У Ш А Г В И
Ж Б Ѳ Ю Ч К Ь Ц Х Ы Ц Ѳ Ч О
С М З А Д Ь Д Ю Х У М С Ѳ Ъ
```

ГОНЬД	САРМИС
ГАШУУН	ЦАГААН ГАА
КАРДАМОМ	ЛИКОРИС
ЦИННАМОН	ЗАДЬ
ХУМС	СОНГИНО
КОРИАНДЕР	АМТАТ ЧИНЖҮҮ
КУМИН	САФФРОН
КЮРИ	ДАВС
ФЕННЕЛ	САЙХАН
АМТ	ВАНИЛЬ

21 - Universe

```
В Ъ Я О К И Т К А Л А Г Х Т
Ө Р У Ш Л Ы Ц Д С С Т Г А Е
Н Й И Р Э Г Н Э Т Ь А Ө Р Л
Т У Й Л Т Ү Ж Ы Е Ф С Р А Е
С Ь Ь Ф У Р Х Ы Р Н А Ө Н С
Т А Р Х И У А Р О А Н Г Х К
И Х О Э Н У Р Г И Р С Р У О
Б О Т Д М Н Ы А Д Н Р Ө Й П
Р Р А Г Ю Ж М Р М Ы Ы Ю У Ы
О В В Э О Г Ү Д Ө Ь Н Ь Я А
Т О К З Т Э Н Г Э Р С Н П Е
К О Э Ү З О Д И А К А Г У Н
Ү К Л И Ж У Н Х Ю Т И Ю А Х
Е И Ф Ш С Е Ч С А Ж Л Ф Ь Л
```

АСТЕРОИД	УРТРАГ
УУР АМЬСГАЛ	САР
ТЭНГЭРИЙН	ОРБИТ
САНСРЫН	ТЭНГЭР
ХАРАНХУЙ	НАРНЫ
ЭКВАТОР	ТУЙЛ
ГАЛАКТИК	ТЕЛЕСКОП
ТАРХИ	ҮЗЭГДЭХ
ХОРВОО	ЗОДИАК
ӨРГӨРӨГ	

22 - Mammals

```
Х Ь С Ш А Ь Г Ү Ю Ь М К С Т
Г А Ш А А Н А Ж Е Ь О Н О Ч
О Т Л У Р У Г Н Е К Р Б У Х
Р К Ь И Ч М Ы Н Ц Х Ь Й П Ъ
И Н Н И М И А Т У У Л А Й С
Л О Ү Ю Х С Ш Г Э Н Ү Х Г Ю
Л Х А Р С Л А Н Ч М Ъ А К Н
А О К О Й О Т Е Ы И Б Г Ж Ж
Р Й М В Т Г Ч К Ф Ү Н Н Е И
В Т Е И М У У Р Ф Ж О Й Л Ф
Х О Н Ь Н Ч Ь Е Ш С К А И Ы
А Е Т Р А Ж Ү Ь Х Р О Л К Д
Ю Х Б А А В Г А Й Ю И А Ю Ж
А Р Б Е З Ж И Ч Я О Ы Д Ш У
```

БААВГАЙ	ГОРИЛЛА
МИНЖ	МОРЬ
БУХ	КЕНГУРУ
МУУР	АРСЛАН
КОЙОТЕ	САРМАГЧИН
НОХОЙ	ТУУЛАЙ
ДАЛАЙН ГАХАЙ	ХОНЬ
ЗААН	ХАЛИМ
ҮНЭГ	ЧОНО
АНААШ	ЗЕБРА

23 - Photography

```
З О Я Х Й Э Т Ц Э Т Ү Б Ү Г
Ө Б Г В Х Х О О Е Ы В К З Э
Ө Ъ Э Ө А Ы Д Ы Ю Я Ч Б Э Р
Л Е Э А Р Ч О Ү И Я Ю О С Э
Р К Р Ф В Ө Р Э Д Ү Ү С Г Л
Ү Т Ү З Э Х Х К А М Е Р Э Т
Ү П Х О Д Д О Ө Н Г Ө Р Л Ү
Л Д Ү Ү Э Д Й Л Ю И И Н Э Ү
Э Е Е Г С Р Л Ц В О Т П Н Л
Х А Б Ш В С О Ф О Р М А Т Э
Б Ү Т Э Ц Д Л Ь Т Ь А Я Г
Д П В Ө Л Ө Т Н Й И Т Э Х Ш
Т О Д О С Г О Г Ч Ъ И В Н Ж
Ф Ү Б О Х А Р А Н Х У Й И Ө
```

ХАР	ГЭРЭЛТҮҮЛЭГ
КАМЕР	ОБЪЕКТ
ӨНГӨ	ХЭТИЙН ТӨЛӨВ
БҮТЭЦ	ХӨРӨГ
ТОДОСГОГЧ	СҮҮДЭР
ХАРАНХУЙ	ЗӨӨЛРҮҮЛЭХ
ТОДОРХОЙЛОЛТ	СЭДЭВ
ҮЗЭСГЭЛЭН	БҮТЭЦТЭЙ
ФОРМАТ	ҮЗЭХ
ХҮРЭЭ	

24 - Weather

```
Т  Ч  Ф  Ы  Г  С  Ө  М  Я  В  Р  С  Х  У
Х  Е  А  А  Т  О  О  А  Д  Ъ  Я  Э  А  У
Д  Р  М  П  О  Х  Д  Л  М  Ъ  Х  В  Л  Р
Ш  Г  Ш  П  Р  Л  Я  Б  О  Ъ  Я  Ш  У  А
М  Й  Ъ  Ф  Е  Ц  О  Ш  И  Н  Я  Э  У  М
Б  А  И  Ш  Г  Р  Д  Х  Ч  Л  Г  Э  Н  Ь
Л  Р  Н  Г  И  Ч  А  Г  Н  А  Г  О  О  С
Н  У  Ы  А  А  Я  Н  Т  Ү  Ы  Ж  Д  Р  Г
А  У  Л  Ъ  Н  Ю  Р  М  У  Ы  Ч  Ь  Н  А
В  Х  Й  Х  Ц  А  О  Л  Б  Р  Е  Ү  Ы  Л
Й  Л  У  О  Б  Ш  Т  С  А  Л  Х  И  Ү  Ж
А  Л  Т  Ъ  Б  О  Р  О  О  Н  Ы  С  Ү  К
Т  Э  Н  Г  Э  Р  Ш  У  У  Р  Г  А  Л  Ж
А  Я  Н  Г  А  Х  А  Р  С  А  Л  Х  И  Е
```

СЭВШЭЭ	АЯНГА
ТАЙВАН	БОРООНЫ
УУР АМЬСГАЛ	ТУЙЛЫН
ҮҮЛ	СОЛОНГО
ГАН ГАЧИГ	ТЭНГЭР
ХУУРАЙ	ШУУРГА
ҮЕР	ТЕМПЕРАТУР
МАНАН	ТОРНАДО
ХАР САЛХИ	ХАЛУУН ОРНЫ
МӨС	САЛХИ

25 - Sport

Ч	Х	О	О	Л	Н	Ы	Д	Э	Г	Л	Э	М	Г
О	Г	Л	И	Р	О	З	В	Ы	Т	Б	Ж	Д	Ү
Г	Л	А	Д	А	Ч	Ч	Ү	Х	К	У	Х	У	Й
Х	О	О	Л	Т	Э	Ж	Э	Э	Л	Л	Я	Г	Л
Ч	Ө	Н	Б	У	В	О	Ы	Ы	Г	Ч	С	У	Т
Ю	А	К	Ч	В	У	Ж	А	В	Л	И	С	Й	Э
Ч	О	Д	Б	Ө	М	Ж	Ө	О	Д	Н	П	Н	Р
Г	Ь	Х	В	Ү	С	Д	Л	Е	Ф	Д	О	Т	Ү
И	Ю	Г	Г	А	Л	Г	Л	А	П	Р	Р	Д	Ү
П	Л	Е	Ш	В	Р	В	Ө	Х	Г	Ъ	Т	Ф	Л
Ь	Р	Ө	Б	Л	Ө	Т	Ө	Х	Ц	С	Ө	П	М
Ш	Б	Ү	Ж	И	Г	Л	Э	Х	Г	О	А	Н	Э
З	Ү	Р	Х	С	У	Д	А	С	Н	Ы	Ф	Д	Н
А	Ы	Т	А	М	И	Р	Ч	И	Н	Б	И	Е	Д

ЧАДВАР
ТАМИРЧИН
БИЕ
ЯС
ЗҮРХ СУДАСНЫ
ДАСГАЛЖУУЛАГЧ
ДУГУЙН
БҮЖИГЛЭХ
ХООЛНЫ ДЭГЛЭМ

ЗОРИЛГО
ЭРҮҮЛ МЭНД
ГҮЙЛТ
ӨСГӨХ
БУЛЧИН
ХООЛ ТЭЖЭЭЛ
ХӨТӨЛБӨР
СПОРТ
ХҮЧ ЧАДАЛ

26 - Circus

```
Y И Л Б Э Ч И Н Ж Ы Б Т А С
З Л Б Ө М Б Ө Л Ө Г А Р Т А
Э З Х У В Ц А С Н Ы Р И Д Р
Г А Ц Н Б Й Т В Е Я К К П М
Ч А Ъ К Ө Т А Б О Р К А С А
И Н А Х Й А М Т С Х М Т Ж Г
Й А А Ш Р Ъ Р Е Л Г Ж У Ж Ч
Н Л А М Ь Т А Д П А Р А Д И
О С Ө И Ц Ш Ю Р П Х Х Y Х Н
И Р Э Х И Ч Ь В Ө Ө К Й О Y
Т А К Ц Ъ Д У Д Y Г У Ь А Ч
Ө Р Ъ Ъ Ө Е Ш Ц Д Ж Д Е Л Г
Ц Ч Ю Y Ю Ф Ц И М И Ц Д А Ю
А Л И А Л А Г Ч Д М А О Х Ь
```

АКРОБАТ	ИЛБЭЧИН
АМЬТАД	САРМАГЧИН
БӨМБӨЛӨГ	ХӨГЖИМ
ЧИХЭР	ПАРАД
АЛИАЛАГЧ	ГАЙХАЛТАЙ
ХУВЦАСНЫ	YЗЭГЧИЙН
ЗААН	МАЙХАН
ЖУЖГЛЕР	БАР
АРСЛАН	ТРИК
ИД ШИД	

27 - Restaurant #2

```
П З С Р Ж П П Ы В Ь Т О Х Ө
Y О Ө У Н Д А А Д Н У Р Y Г
Б Д М Ө Ъ Л К Е Х М Е О Н О
Ж У И Ц Г Ө Д Н Ө П В Й С Й
Ы Ф Г Й Д Ч Y А Ю Й Ө Н Н М
О О Г О Н Н У У Л А Х Х И О
И И Ц Ы Ю Х Т Е У Т Y О Й Н
Ь В Е С Б М О Н У Т С О Н С
К Ж И М С А Ь О У М Э Л О А
Х А Л Б А Г А Б Л А Р Ө Г Л
А О С П Д Р К Y Я С Э Ш О А
Ш Ю К Ю Т А В К Б Т Э Н О Т
Ь Х У С М Д В Р Ю Л И Ж Р Ю
О М М Б П Б У С А Г А З В Ф
```

УНДАА	YДИЙН ХООЛ
БЯЛУУ	ГОЙМОН
ДАРГА	САЛАТ
АМТТАЙ	ДАВС
ОРОЙН ХООЛ	ШӨЛ
ӨНДӨГ	ХАЛУУН НОГОО
ЗАГАС	ХАЛБАГА
СЭРЭЭ	ХYНСНИЙ НОГОО
ЖИМС	ЗӨӨГЧ
МӨС	УС

28 - Geology

Я	А	П	Г	Ө	Л	Ө	Т	Р	Ц	Ъ	К	Х	С
Д	Г	О	Д	Е	О	О	Н	Т	Т	Ш	Ф	Ц	Т
У	У	Л	У	Ч	Й	Ю	Л	Д	А	В	С	Г	А
Л	Й	Г	Ь	У	О	З	О	Н	У	И	А	Ч	Л
Э	Н	Д	Е	Ь	Ц	М	Е	Э	К	Т	Г	Л	А
Д	А	В	Х	А	Р	Г	А	Р	С	Ф	О	И	К
Г	Т	П	Л	Ж	А	Ө	Ц	Ү	А	Р	Ш	Ч	Т
Э	А	Я	У	Л	В	Ч	Ы	Ш	Г	А	Ж	Ү	И
Л	Л	Ү	У	Н	К	М	К	М	А	Г	Ү	Х	Т
Э	С	Б	Т	А	Ш	И	Ц	Ь	Л	А	К	Б	Ь
Р	Т	Д	Л	Ж	Ю	Е	Ц	С	П	К	Ч	Ь	К
Г	А	З	А	Р	Х	Ө	Д	Л	Ө	Л	Т	Ц	Ж
А	Ш	И	Г	Т	М	А	Л	Т	М	А	Л	М	М
Ч	У	Л	У	У	Ж	С	А	Н	Ю	Ы	Е	Х	У

ХҮЧИЛ
КАЛЬЦИ
АГУЙ
ТИВ
ШҮРЭН
ТАЛСТ
ЦИКЛ
ГАЗАР ХӨДЛӨЛТ
ЭЛЭГДЭЛ
ЧУЛУУЖСАН

ГЕЙЗЕР
ЛАВ
ДАВХАРГА
АШИГТ МАЛТМАЛ
ТӨЛӨГ
КВАРЦ
ДАВС
СТАЛАКТИТ
ЧУЛУУ
ГАЛТ УУЛ

29 - House

```
Д  И  Ш  С  Я  Ь  К  Х  Г  Н  Ш  Ц  Т  Г
И  Э  О  В  Б  Ү  Ь  А  А  Ч  А  У  Ү  Ъ
Ө  Ө  Р  Ө  М  Ш  Ө  Ш  Л  Я  Л  Ъ  Л  Ц
Х  С  Д  С  М  Ь  Х  А  Т  А  С  Т  Х  С
Ч  Р  С  Б  Е  Ы  Ы  А  О  Г  Ж  Р  Ү  Р
Н  Е  Я  К  Ц  Д  Л  Д  Г  Л  Э  Ф  Ү  Ы
О  Ы  Ц  Ө  О  Э  Ц  Р  О  И  Р  Р  Р  М
М  Я  Н  Ж  Н  Э  Э  А  О  В  К  Ү  Э  Ь
Ы  Т  Ь  А  Х  В  Ц  С  В  А  Х  Ү  З  Л
Н  Ж  Ц  Р  Х  Э  Э  Н  Ц  Т  А  Ш  А  О
С  Ы  Д  А  Ө  Р  Р  А  П  Л  А  Р  Д  Т
А  Р  Д  Г  В  О  Л  М  У  Ы  Л  Ү  Г  А
Н  Х  Ө  Ш  И  Г  Э  О  В  К  Г  Ш  А  У
В  Ю  Г  Г  Ы  О  Г  У  Д  Ф  А  Ж  Й  В
```

МАНСАРДА	ТҮЛХҮҮР
ДЭРС	ГАЛ ТОГОО
ХӨШИГ	ГЭРЭЛ
ХААЛГА	НОМЫН САН
ХАШАА	ТОЛЬ
ЗАДГАЙ	ДЭЭВЭР
ШАЛ	ӨРӨӨ
ТАВИЛГА	ШҮРШҮҮР
ГАРАЖ	ХАНЫН
ЦЭЦЭРЛЭГ	ЦОНХ

30 - Physics

```
Д  М  Y  Х  Б  Е  Т  Т  В  Ч  Т  Э  Е  Х
А  О  Ѳ  А  О  Ъ  П  О  Y  Х  У  Л  М  Ы
В  Л  У  Р  Ш  Ь  Ф  М  Т  У  Р  Е  К  А
Т  Е  Т  Ь  С  Ч  М  Ъ  Ц  Р  Ш  К  К  Ь
А  К  Ь  Ц  О  Ы  И  Ё  Т  Д  И  Т  С  М
М  У  Ч  А  К  А  В  О  Ж  А  Л  Р  М  А
Ж  Л  К  Н  Й  И  М  И  Х  Т  Т  О  Е  С
Р  Y  Y  Г  Л  Ѳ  Д  Ѳ  Х  Г  Н  Н  Х  С
Т  Л  Т  У  Б  Ѳ  Ѳ  М  Ц  А  И  Х  А  Ж
Г  Ц  Р  Й  А  Т  О  М  Ѳ  Л  Й  И  Н  Ы
Н  О  З  Н  О  Р  О  С  М  Н  Т  Й  И  Х
Н  Я  Г  Т  Р  А  Л  Ц  И  Ѳ  И  Ъ  К  У
Ѳ  Р  Г  Ѳ  Т  Г  Ѳ  Л  Й  С  Й  Х  П  Р
П  Ж  Ь  У  Ж  Y  Ч  Ы  Н  Y  Н  Ж  Д  Д
```

ХУРДАТГАЛ	ХИЙ
АТОМ	СОРОНЗОН
ХИМИЙН	МАСС
НЯГТРАЛ	МЕХАНИК
ЭЛЕКТРОН	МОЛЕКУЛ
ХӨДӨЛГҮҮР	ЦӨМИЙН
ӨРГӨТГӨЛ	БӨӨМ
ТУРШИЛТ	ХАРЬЦАНГУЙН
ТОМЪЁО	НИЙТИЙН
ДАВТАМЖ	ХУРД

31 - Coffee

```
Ь Б Я И Э Л Ь Ц И Ө А Ү Ч А
Р С У Ы Л Г Ъ Г Ю Ж Г В Е Ъ
Ф Ь Ү Н С А Т О С А Я Л О У
С Ь Д Ү Э Р Е В Ы Р А Х Ө Ф
Ө О Е В Н А Н У У Ш А Г Ш Ө
Ч Ь Ж Ъ Ч Л Ц Т Ъ У М У Ү Д
Х К Ч К И Ү Ж К Л Н Т Ц Ү Л
Ш Ү Ф Ү Х Ү Г О Я Д Ь О Л Д
И М Ч В Э С Ү Г О А И Б Т Ф
Н Н М И Р Э Н Ү Ь А У Ъ Ү С
Г Н К Ф Л Л Ь П Ц Т Г В Ү Л
Э Я К Ь Ф Л О Г Ж А Р Ү Р Ц
Н И Е Ф О К Э Ү Н Э И С Г Ы
Ю Ү У И С Х Ь Г Ы У Н Е А Я
```

ХҮЧИЛЛЭГ	АМТ
ҮНЭР	ГРИН
УНДАА	ШИНГЭН
ГАШУУН	СҮҮ
ХАР	ӨГЛӨӨ
КОФЕИН	ГАРАЛ ҮҮСЭЛ
ТОС	ҮНЭ
АЯГА	ЭЛСЭН ЧИХЭР
ШҮҮЛТҮҮР	УС

32 - Shapes

```
И Т Э Г Ш Ө Н Ц Ө Г Т Н Т Ъ
Ю И Ъ Н Н Ю Ю О Й У Р У М Ф
Т О Н Я Т Ю О Ж Г Е У М Д Т
Ь Ш А Л О Б Р Е П И Г А Е Д
Ю У В Ө Ж П Р И З М Л Н И Ю
Л Г У И Б Ъ Ө П Ы М Ө О Ь С
Р А У Ф Ж У К Ц Д Ш Т Г П Ю
Ш М З Н Д Д Л Е Г О Р Й О Т
К О Н У С И Я А И О В Ч И В
Г У С Г Ж М Ъ Ы Н Ч О Ф Р Ө
К В А Д Р А Т Я Т Ь К Ж М Ф
П М Т Д Y Р Д Н И Л И Ц Э Б
О Г Р Ч Н И Ь Е Ц С А Г Г Ш
О Я Ъ У С П И Л Л Э Д Т Ж М
```

НУМАН	ГИПЕРБОЛА
ТОЙРОГ	ШУГАМ
КОНУС	ЗУУВАН
БУЛАН	ПОЛИГОН
ШОО	ПРИЗМ
МУРУЙ	ПИРАМИД
ЦИЛИНДР	ТЭГШ ӨНЦӨГТ
ИРМЭГ	ТАЛ
ЭЛЛИПС	КВАДРАТ

33 - Scientific Disciplines

```
Т Е Р М О Д И Н А М И К Ь Н
М М Е Х А Н И К М К С О Ь Т
Х И Г О Л О И Б Н И Э Ю Ь Д
Э Г Н С Б Ь В И М О Т А Н А
Л О Ф Е А Н Ы Р У У Г А Ц Б
Ш Л И П Р Р Ү Ь Т М Э Л М И
И О З Х Е А Ф Ы О Д Л Х Э О
Н Е И И Г О Л О К Э С Р Д Х
Ж Х О М Л В Ы О С Ь У А Р И
Л Р Л И П Я Р Ж Г Л Д Д Э М
Э А О Х У Ю Ь Ч Ж И Л А Л И
Л Ь Г Ъ Н Й И К И Н А Т О Б
Ь Б И Г О Л О Е Г Ъ Л П У Д
К И Н Е З И О Л О Г И Ш П Н
```

АНАТОМИ	КИНЕЗИОЛОГИ
АРХЕОЛОГИ	ХЭЛ ШИНЖЛЭЛ
БИОХИМИ	МЕХАНИК
БИОЛОГИ	ЦАГ УУРЫН
БОТАНИКИЙН	МИНЕРАЛОГИ
ХИМИ	МЭДРЭЛ
ЭКОЛОГИ	ФИЗИОЛОГИ
ГЕОЛОГИ	СЭТГЭЛ СУДЛАЛ
ДАРХЛАА	ТЕРМОДИНАМИК

34 - Science

О	Х	У	В	Ь	С	А	Л	И	Ь	Г	Ш	Л	Д
У	Р	А	Ш	И	Г	Т	М	А	Л	Т	М	А	Л
У	Л	Г	Л	Ъ	Т	О	Б	А	Ю	Ь	М	Ө	
Р	А	Р	А	Д	Т	В	Т	А	Г	В	Т	А	Д
А	Б	А	Л	Н	Л	Д	А	Р	Й	Ч	Н	Г	Г
М	О	К	Г	П	И	Р	А	И	А	Ш	Ы	Р	Ө
Ь	Р	Ш	А	Б	Ш	З	Р	М	Б	А	Л	У	Г
С	А	Г	М	Т	Р	Ю	М	Т	П	С	Ц	П	Ө
Г	Т	Х	А	Д	У	У	Л	У	К	Е	Л	О	М
А	О	И	А	Т	Т	Ф	И	З	И	К	А	Ь	Ю
Л	Р	М	Т	Ь	Б	Ы	Ф	Я	Ц	Ю	Т	Н	Е
Ы	И	И	М	А	Я	Ө	Ь	Ө	В	Ф	А	Ч	Я
Г	Т	Й	К	Х	Ө	Ш	Ө	Ч	О	Б	Т	Л	Я
Ч	Ы	Н	У	Ь	Ө	Ө	Ы	С	Ф	Ө	Е	Б	Ь

ATOM
ХИМИЙН
УУР АМЬСГАЛ
ӨГӨГДӨЛ
ХУВЬСАЛ
ТУРШИЛТ
БАРИМТ
ТАТАЛЦЛЫН
ТААМАГЛАЛ

ЛАБОРАТОРИ
АРГА
АШИГТ МАЛТМАЛ
МОЛЕКУЛУУД
БАЙГАЛЬ
ОРГАНИЗМ
БӨӨС
ФИЗИК
УРГАМАЛ

35 - Beauty

```
Н  Ү  Ү  Р  Б  У  Д  А  Л  Т  Н  Е  Р  Ч
Ъ  С  Ь  Р  А  Ш  А  М  П  У  Н  Ь  Н  Н
Е  Б  Б  У  Ө  Х  У  В  М  Ц  К  В  И  Ы
Б  Ү  Т  Э  Э  Г  Д  Э  Х  Ү  Ү  Н  Г  Ү
Ү  Ф  Д  Э  С  Ь  Л  О  Т  Х  А  П  Ү  Н
Х  Л  П  Г  О  Ө  Л  Ө  Ф  О  Т  О  Ү  Э
А  А  Ш  Л  Р  Д  Н  Ц  Г  Ө  В  Г  Л  Р
Т  Ц  Й  И  М  Э  Т  Г  В  Ф  Ш  Р  С  А
Т  О  С  Ч  У  Г  С  С  Ө  Ө  Ө  В  Э  Г
Ъ  Ц  И  Л  У  Ж  Д  Э  Г  Э  Н  В  Л  Ж
Р  Ы  Д  Й  С  И  Р  Г  Н  Ю  У  Ш  С  Р
Б  Я  В  Ү  А  Н  С  Т  И  Л  И  С  Т  У
У  Р  У  У  Л  Ы  Н  Б  У  Д  А  Г  У  Б
С  Ч  Ы  Х  Ь  Ү  Ж  Ь  Л  В  Ь  А  Я  Я
```

УВДИС	ТОЛЬ
ӨНГӨ	ТОС
БУРЖГАР	ФОТО
ДЭГЖИН	БҮТЭЭГДЭХҮҮН
ДЭГЭН	ХАЙЧ
ҮНЭР	ҮЙЛЧИЛГЭЭ
НИГҮҮЛСЭЛ	ШАМПУНЬ
УРУУЛЫН БУДАГ	АРЬС
НҮҮР БУДАЛТ	ГӨЛГӨР
СОРМУУС	СТИЛИСТ

36 - To Fill

Г	А	Ц	Р	Й	А	Х	Н	О	Л	Ю	Ф	К	Х
С	У	Ы	Т	В	В	Г	О	Н	О	Х	Т	А	А
Б	Ц	М	Х	Д	Д	П	Ы	О	Ь	Я	Ф	Р	Л
Ч	О	А	О	Г	А	Б	Й	Л	Л	Ъ	В	Т	А
Т	Я	Х	С	У	Р	М	У	Ь	Х	О	Т	О	А
Л	Д	М	И	Х	А	В	Т	А	С	У	Й	Н	С
Ш	Ь	Г	Р	А	Ж	Г	П	Г	Ю	В	Ц	Н
Т	Е	Ц	М	Т	В	Ү	У	А	А	Т	Ф	И	Ы
Б	А	Р	Р	Е	Л	Ь	Д	К	С	Ь	К	Ө	Н
И	Ж	Ү	В	Г	Ө	П	Ю	Е	Г	Ө	Ц	Я	К
У	Б	Ь	Ъ	Ч	У	Ж	Ө	Т	Ы	Ү	К	Е	Х
И	Т	Ъ	Х	Ө	Л	Ө	Г	О	Н	Г	О	Ц	И
В	Ш	Ю	Т	Н	Ю	Ө	Ш	Я	Ь	Ы	У	Д	Ф
П	Ө	Н	Г	Л	Г	Т	Г	Я	У	Ү	С	А	Ч

БАГ	ЖАР
БАРРЕЛЬ	ПАКЕТ
САГС	ХАЛААСНЫ
ЛОНХ	АВДАР
ХАЙРЦАГ	БОХИР
ХУВИН	ХОНОГ
КАРТОН	ХООЛОЙ
ТОХЬ	ВААР
ДУГТУЙ	ХӨЛӨГ ОНГОЦ
ХАВТАС	

37 - Clothes

```
О Ъ В Ж Ю Х Х Б Э Э Л И Й Б
А Р Ъ К Б Ү О Ө М Д А О М Ү
Ъ П О В К Р Р Я Я Ш Т Й Р С
Г О Ъ О А Э М Ю Е Б У М Ы Н
Ц А М Ц Л М О Ч К И Г С Г И
З А К Я Ү Т Г Ө Ө Д Ө С Т Ж
А Ы Ц Б Ү Н Ч Б У Г У Й В Ч
Г Ц Р Ъ О Й Э В Р Ф К Т У Р
В Н Ц Т М А Ш Т Ү Т Й М Ц Н
А К Ю П Ы Х Ъ А Э Ь А С Г П
Р П Р Н Х А Ц А А Д Г Ъ Р Ъ
Х Е Л П К А Ф О П Х Л К И У
Е Ч Д А Ц Ш С Х Ж Ч А Э М И
Х У В Ц А С Л А Л Т М Й Л Н
```

ХОРМОГЧ	ҮНЭТ ЭДЛЭЛ
БҮС	ӨМД
БУГУЙВЧ	ШААХАЙН
ЦУВ	ОРООЛТ
ХУВЦАСЛАЛТ	ЦАМЦ
ЗАГВАР	ГУТАЛ
БЭЭЛИЙ	ЮБКА
МАЛГАЙ	ШААХАЙ
ХҮРЭМ	ОЙМС
ЖИНС	

38 - Ethics

```
Б  Ш  У  Д  А  Р  Г  А  Ү  Х  К  Ф  А  Ө
Й  О  Т  Ч  В  О  Н  О  Д  Ү  Р  И  Л  Е
Л  Ш  Л  Э  Ц  Л  Ү  Х  Ш  Н  Е  Л  Т  С
Ү  Т  У  О  Ө  Ч  Р  Ү  Р  Д  Л  О  Р  Ш
О  Н  Э  П  М  Д  Ю  Ъ  Ө  Э  Э  С  У  К
Г  Ү  Э  В  У  Ж  С  У  Т  Т  З  О  И  Д
О  Х  Н  Ц  Ч  Р  И  Г  Р  Г  Ү  Ф  З  И
Б  Ь  В  О  Э  Э  Ж  Й  Э  Э  Г  И  М  П
Д  В  Ь  Ф  Н  Н  Э  Д  Н  Л  Ө  Р  З  Л
Ы  У  А  Т  П  Ъ  Э  Р  Х  Т  Р  У  И  О
Ъ  Х  Ү  Б  Я  И  О  Р  Л  Э  Д  Ъ  Л  М
Э  Н  Э  Р  Ү  Ү  Л  Э  Х  Й  Ө  О  А  А
Х  Ү  Н  Т  Ө  Р  Ө  Л  Х  Т  Ө  Н  Е  Т
Н  И  Н  Ж  И  Н  С  Э  Т  Г  Э  Л  Р  О
```

АЛТРУИЗМ
ЭНЭРҮҮЛЭХ
НЭР ТӨР
ДИПЛОМАТ
ШУДАРГА
ХҮН ТӨРӨЛХТӨН
ХУВЬ ХҮН
НИНЖИН СЭТГЭЛ
ӨӨДРӨГ ҮЗЭЛ

ТЭВЧЭЭР
ФИЛОСОФИ
ОНОВЧТОЙ
РЕАЛИЗМ
БОЛОМЖИЙН
ХҮНДЭТГЭЛТЭЙ
ХҮЛЦЭЛ
ҮНЭ ЦЭНЭ

39 - Astronomy

```
Ц К И Т К А Л А Г Ж К Ф Л Y
Д А О С О П Ы Ф П М Р Ө У Г
О И Ц С Я У У Ы О К У Н У А
Ш Д Е Р М П Ъ Ы К Н Ю У Г С
Ь О В А А О Л Г С Х Н Ц А Т
Ө З И Ц Р Г С Т Е Ф О У Д Е
Ф Л И Н К Й И Х Л Э Д Ш Л Р
Ц Х О А О Д Н Ы Е Э О С Э О
С К О Н И В К Э Т Ы Т А М И
П Ж Ф А Ч Ф Л Ф О Н Т Р Й Д
А Д Р М Т Э Н Г Э Р Н И И Ю
В Y П У У Ж И Н Ш А Е Л Х Х
С У П Е Р Н О В А Н Т О Ө Ю
П А Ь Y Г А Р А Г А Р С С В
```

АСТЕРОИД	ОДОН
ОДНЫ	ГАРАГ
КОСМОС	ЦАЦРАГ
ДЭЛХИЙ	ПУУЖИН
ХИРТЭЛТ	ХИЙМЭЛ ДАГУУЛ
ЭКВИНОКС	ТЭНГЭР
ГАЛАКТИК	НАРНЫ
СОЛИР	СУПЕРНОВА
САР	ТЕЛЕСКОП
МАНАНЦАР	ЗОДИАК

40 - Health and Wellness #2

```
Е В В Х Ө Ю Ь Н Н Х Н Р У Р
М Ж Ъ О Ж Ц Ы И М О Т А Н А
А С Д О Э И Л М Ш О Д В И Х
С Э Г Л Р Н Н А Я Л Г Д Ч О
С Р Ж Н Y В Ю Т Г Н Е Л В О
А Г Ф Ы Y Х Х И Э Ы Н А Ө Л
Ж Э Ю Д Л Ч Д В Л Д Е Х Ш Т
Е Э Ф Э И Е Y В Э У Т Р И Э
Ъ Х С Г Ш И Н Х Н Р И У Н Ж
Ц У С Л Р Т Л Ш М Ш К П Г Э
В Ъ Е Э А Y М Ч Э И Т В Э Э
К Ч Р М Х О Р У Л Л Ч В Н Л
О М Т Т С Y Ө Ф Х Э К Р Е Т
Ф Т С Д Е У Ы Х Ф Н Г Ю Э С
```

ХАРШИЛ	ЭРҮҮЛ
АНАТОМИ	ЭМНЭЛЭГ
ХООЛНЫ ДУРШИЛ	ХАЛДВАР
ЦУС	МАССАЖ
ИЛЧЛЭГ	ХООЛ ТЭЖЭЭЛ
ШИНГЭН	СЭРГЭЭХ
ХООЛНЫ ДЭГЛЭМ	СТРЕСС
ӨВЧИН	ВИТАМИН
ЭРЧИМ ХҮЧ	ЖИН
ГЕНЕТИК	

41 - Time

Ө	Э	Р	Т	Г	Ц	О	И	Н	М	Ш	О	М	К
Ы	М	А	Р	В	А	Н	Ж	И	Л	Ө	Д	Y	А
Л	Л	Н	З	У	У	Н	Ы	У	Р	Н	О	М	Л
О	Ь	Р	Ө	Д	Ө	Ө	Н	Ө	Ю	Ө	О	Й	Е
Л	Д	А	Г	Д	Т	Ш	Ж	Y	О	Ы	С	Y	Н
К	К	С	Б	У	И	Ж	Р	Л	Г	Ф	Ч	Г	Д
Д	О	Л	О	О	Х	О	Н	О	Г	Ж	Ъ	Х	А
Е	А	Н	А	И	Ъ	Ө	В	В	А	Х	Л	А	Р
Ө	Г	Л	Ө	Ө	Р	Ж	Ж	И	Ц	Y	Ы	Д	Ь
Р	Х	Т	Ц	Р	И	Э	А	Ц	М	И	Н	У	Т
Ө	Ч	И	Г	Д	Ө	Р	Э	Я	Ф	А	Н	Л	Т
Я	А	Р	Я	Г	Р	Б	Ж	Д	Х	Y	Y	Ф	С
Ө	Д	Ө	Р	Ц	Ф	Н	Е	И	Y	Ж	Y	А	Т
В	Ч	Е	Ж	И	Л	И	Й	Н	Л	Й	А	Д	Ф

ЖИЛИЙН	САР
ӨМНӨ	ӨГЛӨӨ
КАЛЕНДАРЬ	ШӨНӨ
ЗУУНЫ	YД
ЦАГ	ОДОО
ӨДӨР	УДАХГYЙ
АРВАН ЖИЛ	ӨНӨӨДӨР
ЭРТ	ДОЛОО ХОНОГ
ИРЭЭДYЙ	ЖИЛ
МИНУТ	ӨЧИГДӨР

42 - Buildings

```
З  Т  Б  Т  А  Ц  А  Н  Я  Е  С  Ь  Ц  Г
О  О  Е  Р  Е  Н  А  Х  Й  А  М  Л  А  Ь
Ч  Р  Ү  А  Л  Ө  Ъ  М  Р  Е  Ф  У  Й  Н
И  О  Й  М  Т  С  Ь  Л  Х  Г  Ө  У  З  С
Д  Н  Л  У  Ы  Р  Ф  А  Ы  А  А  Г  О  В
Б  С  Д  З  К  Ъ  П  Б  Е  Е  Г  Р  О  У
У  У  В  Е  Х  Г  Н  О  Д  О  Э  У  А  Ч
У  У  Э  Й  А  Х  И  Р  Е  В  Л  С  Ю  Ж
Д  Ц  Р  Ч  М  Ү  Б  А  П  Ч  Э  Ч  Ш  Ш
А  Ч  Ү  Л  Д  В  А  Т  Ю  О  Н  И  К  О
Л  Я  Я  О  М  Ю  К  О  Я  Б  М  Ы  Ь  Ф
А  М  Б  А  А  Р  Ж  Р  К  Ы  Э  Л  Ы  Ь
П  Г  Ш  Ц  Б  Ь  Ъ  И  Ы  Ъ  О  У  С  К
М  Е  Т  А  Л  Л  Х  А  Й  Г  Ч  К  Ь  О
```

ОРОН СУУЦ	МЕТАЛЛ ХАЙГЧ
АМБААР	ЗОЧИД БУУДАЛ
КАБИН	ЛАБОРАТОРИ
ЦАЙЗ	МУЗЕЙ
КИНО	ОДОН
ҮЙЛДВЭР	СУРГУУЛЬ
ФЕРМ	МАЙХАН
ГАРАЖ	ТЕАТР
ЭМНЭЛЭГ	ЦАМХАГ

43 - Philanthropy

```
Х  Я  У  Е  Ч  М  О  Ь  Г  Б  Г  З  Х  Х
Ү  Ү  Х  Н  А  С  Г  Б  А  Ү  У  О  А  Ө
Ү  К  М  Ц  Ө  К  Л  Ъ  Н  Л  Н  Р  Н  Т
Т  Ү  Ү  Ү  Ц  Ц  И  А  Ц  Э  Ө  И  Д  Ө
Э  Е  Я  Ж  Ү  О  Р  Г  Б  Г  Т  Л  И  Л
Ф  Н  О  Ю  М  С  О  Р  Ө  О  Х  Г  В  Б
Й  А  Э  В  Ө  Ъ  З  А  Г  У  Л  О  Л  Ө
Э  С  Ю  Р  У  Х  М  Д  Ө  Р  Ө  Г  А  Р
Т  Ф  Е  Ү  Э  У  Э  У  Ө  Р  Р  В  Х  Ү
Г  Ш  Ш  В  О  Л  Х  Ш  М  Г  Ө  Н  Ч  Ү
Э  Л  Ю  Р  Ц  Ү  Р  Ы  Ө  Ө  Т  Ц  Ф  Д
Р  Ю  В  С  Ү  Б  Э  Т  Р  Е  Н  Р  Ш  Ж
Э  Х  Ү  Ү  Х  Д  Ү  Ү  Д  Х  Ү  Ы  Г  Ч
Х  О  Л  Б  О  О  Б  А  Р  И  Х  Ц  Е  У
```

ЭНЭРЭЛ
ХҮҮХДҮҮД
ХОЛБОО БАРИХ
ХАНДИВЛАХ
САНХҮҮ
САН
ӨГӨӨМӨР
ГЛОБАЛ
ЗОРИЛГО

БҮЛЭГ
ТҮҮХ
ШУДАРГА
ХҮН ТӨРӨЛХТӨН
ЭРХЭМ ЗОРИЛГО
ХЭРЭГТЭЙ
ХҮМҮҮС
ХӨТӨЛБӨРҮҮД

44 - Gardening

А	И	Ч	Т	Т	Ы	Ю	К	Я	Л	Ы	Б	К	Ж
А	У	И	Ц	Т	Б	Ж	Ж	Ю	Ы	Ю	О	М	С
Р	С	Й	Ө	Ц	Я	О	О	Р	О	Ш	Т	У	Р
У	С	Г	Д	Э	Н	Д	Р	Л	У	Б	А	У	Ө
У	Я	А	Т	Ц	Ө	А	Ц	Д	С	Ү	Н	Р	Х
Л	Ф	Ц	Д	Э	С	Г	В	А	О	Д	И	А	Ү
З	Н	Й	И	Г	Ц	Э	Ц	Ч	Ү	О	К	М	Н
Ү	И	О	Л	Э	У	Л	И	Р	Л	Ы	Н	Ь	С
Й	М	Л	С	Л	Д	Э	И	Ъ	К	Ь	Ш	С	Н
Л	А	О	М	Р	Е	Г	Ъ	Н	М	О	Ы	Г	И
Ш	Ч	О	Д	Э	Ф	Н	Ө	Ф	Ү	Ъ	Р	А	Й
Ц	О	Х	К	Ц	Х	И	С	О	У	В	Ы	Л	В
Ч	Ц	Ү	Ъ	Э	Ц	Ч	А	Ы	В	Ь	В	И	Д
К	Ф	Х	Ю	Ц	Ь	Ъ	Р	Е	Ы	Ү	А	Ф	Г

ЦЭЦЭГ
БОТАНИК
ААРУУЛ
УУР АМЬСГАЛ
БОРДОО
ЧИНГЭЛЭГ
ШОРОО
ХҮНСНИЙ
ЧАМИН
ЦЭЦГИЙН

НАВЧ
ХООЛОЙ
ЧИЙГ
ЦЭЦЭРЛЭГ
УЛИРЛЫН
ҮР
ХӨРС
ЗҮЙЛ
УС

45 - Herbalism

```
Ж П Г С Я Ю М Н К Ю Ц Ц Ы О
К Л П М Л Ш И О Ю Ь Э Ф Ж Д
Ы О А А Ы Г У Г Я П Ц Г Х О
В Ш Г Р Ш Б Р О Н Г Э А Р Ю
Ц Д Ы О Е И К О Ш С Г А Ч Р
Р Г Р Ж Ч Р Г Н У Б А З И Л
О О Ъ Р Ж С О Т Й А М Т О У
Ъ И З А К Ѳ О Р А Л У С Р Р
Ж Л Ж М Е П Т Э Ы Й Ф А Е Г
Х В Ц Д А Л Е Н Н Е Ф Р Г А
Ъ А Ъ Д Б Р Я Ү Л Ф Ч М А М
Ѳ Ь О Т Х Б И Р О С У И Н А
Н А Б С А Ф Ф Р О Н Ф С О Л
Л А В А Н Д А П Х Т Ш К Г П
```

ҮНЭРТ	ОРЦ
БАЗИЛ	ЛАВАНДА
АШИГТАЙ	МАРЖОРАМ
ХООЛНЫ	ГАА
ФЕННЕЛ	ОРЕГАНО
АМТ	ЯНШУЙ
ЦЭЦЭГ	УРГАМАЛ
САРМИС	РОЗМАРИ
НОГООН	САФФРОН

46 - Vehicles

С	Т	Ж	Ш	О	Е	Ж	Я	О	Р	Т	Е	М	Т
П	Ф	И	Д	Н	Ю	Ж	И	Ч	Y	Ф	Ы	А	Р
М	У	К	Ч	Г	А	В	Я	Н	Y	Ф	К	Р	А
О	Ы	У	Ъ	О	Y	Ө	Д	И	Г	Д	П	А	К
Т	Ф	Г	Ж	Ц	С	Ь	У	Ш	Л	И	Ш	Г	Т
О	М	Ц	Я	И	Ч	Я	Г	А	Ө	К	Й	Я	О
Р	Ю	О	У	Y	Н	З	У	М	Д	Р	Ж	Н	Р
Т	М	Т	Т	Х	Ш	А	Й	П	Ө	В	Е	П	Ъ
О	В	Р	Ь	О	К	В	С	Д	Х	Л	Т	Я	Н
Й	Ц	Ж	Ш	Л	Р	Ь	А	В	Т	О	Б	У	С
Н	И	С	Д	Э	Г	Т	Э	Р	Э	Г	Ц	Ж	Н
Ш	У	М	Б	А	Г	Ч	О	Н	Г	О	Ц	Т	Р
У	Н	А	Д	А	Г	Д	У	Г	У	Й	С	Ю	А
Ф	П	Т	А	К	С	И	Ш	О	С	А	Л	Х	У

ОНГОЦ
УНАДАГ ДУГУЙ
ЗАВЬ
АВТОБУС
МАШИН
ЖИНГИЙН
ХӨДӨЛГҮҮР
ГАРАМ
НИСДЭГ ТЭРЭГ
МОТОР

САЛ
ПУУЖИН
МОТОРТОЙ
ЯВАГЧ
ШУМБАГЧ ОНГОЦ
МЕТРО
ТАКСИ
ДУГУЙ
ТРАКТОР

47 - Flowers

```
Д У Х С А Р Н А Й Ч К Ь К З
А Р А О А Х Д Н П Ч Я Е А А
Ф К Р Ж Н Л А В А Н Д А Л М
Ф Ч С В А И Х Б Е Д Ш А Е Б
О С Е Е А В Н И М Ш Н И Н А
Д М Э Л Р Э Г Н Б Ч Ю О Д Г
И С Н А А Г Ө Т Y И Ж П У А
Л Ж Э П С Л Ы Н Д Д С Ө Л Х
Ч П Э О Р Х О Н Э Ь Э К А Ь
Ь П Ц Б П У Ц Л Л Ө Ф Н У К
Г А Р Д Е Н И Я Б Х В О У С
А А Р У У Л Ю М Э Д И Y М Х
А Л Т А Н З У Л Э О Ж К А М
Х О Ш О О Н Г О Р В Ф Л Н Е
```

ААРУУЛ	САРААНА
КАЛЕНДУЛА	ЗАМБАГА
ХОШООНГОР	ОРХОН
ДАФФОДИЛ	ЦЭЭНЭ
ХОНИН НҮДЭН	ДЭЛБЭЭ
ГАРДЕНИЯ	НАМУУ
ХИБИСКУС	САРНАЙ
МЭЛРЭГ	АЛТАНЗУЛ
ЛАВАНДА	

48 - Health and Wellness #1

```
Х Р Ө И Ф А П А Х Б В Н С П
Ь Г Л Д А Я С М У У И К Ь У
Ш О С Э М Я Ш Р Г Л Р Я Ц Н
Б Р Г В Ь Г Ц А А Ч У К Ъ А
И М Ө Х С Э Б Л Р И С Р И А
Л О Л Т Г Р М Т А Н Я В Х Х
З Н Ө Э А Е Е И Л К Ш В О У
Э У Н Й Л Х Т Ф Й О К М Ъ Х
М Я Р Ф А Ф К Б Л Н А Н Х А
Ч Ъ Л Ш Х И Л О Ө Е С Ь Р А
П Л Ы П И Б И Р Е Т К А Б Г
Ө Н Д Ө Р Л Н П А Ы У С Н А
Ю Д Э Э Г Л И Ч М Э Ъ Я Х Н
М Э Д Р Э Л К Б Ж Л Н А Л А
```

ИДЭВХТЭЙ	АНАГААХ УХААН
БАКТЕРИ	БУЛЧИН
ЯС	МЭДРЭЛ
КЛИНИК	ЭМИЙН САН
ЭМЧ	РЕФЛЕКС
ХУГАРАЛ	АМРАЛТ
ЗУРШИЛ	АРЬС
ӨНДӨР	АМЬСГАЛАХ
ГОРМОН	ЭМЧИЛГЭЭ
ӨЛСГӨЛӨН	ВИРУС

49 - Town

И	Й	С	У	Р	Г	У	У	Л	Ь	Д	Н	Р	Ю
Х	Е	Е	О	Ш	Ц	Ф	М	Л	Ү	Э	О	Е	Д
С	З	Ф	Р	Т	А	Е	Т	А	У	Л	М	С	Я
У	У	А	Ү	Е	Ч	Н	Р	Д	Ю	Г	Ы	Т	Ф
Р	М	К	Ү	Т	Л	Б	Я	У	Ы	Ү	Н	О	П
Г	М	А	Г	В	О	А	Б	У	П	Ү	С	Р	Б
У	Ч	И	Л	В	Ү	Н	Г	Б	Ф	Р	А	А	Ж
У	Ф	Ь	Э	Л	К	К	Ю	Д	А	П	Н	Н	И
Л	Л	Ы	Д	К	Л	И	Н	И	К	Ц	М	М	Ь
Ь	Т	У	Н	К	Е	Ш	О	Ч	Г	Э	Ц	Э	Ц
З	А	Х	Ы	И	Ч	М	Л	О	Л	У	И	Н	Ү
Е	Ч	М	М	Н	Д	Ы	А	З	Ж	У	Ш	Ц	М
О	Ы	Т	О	О	Ц	Т	С	Ъ	Д	Е	Г	А	Ж
Ү	Ж	П	Н	Х	Ь	Э	М	И	Й	Н	С	А	Н

БАНК   ЗАХ
НОМЫН ДЭЛГҮҮР   МУЗЕЙ
КАФЕ   ЭМИЙН САН
КИНО   РЕСТОРАН
КЛИНИК   САЛОН
ЦЭЦЭГЧ   СУРГУУЛЬ
ГАЛЕРЕЙ   ДЭЛГҮҮР
ЗОЧИД БУУДАЛ   ТЕАТР
НОМЫН САН   ИХ СУРГУУЛЬ

50 - Antarctica

```
Ш  Ө  М  Ь  П  К  Л  В  Т  М  Ө  С  Б
А  И  К  О  Р  Г  Р  Ъ  Ъ  О  Е  С  У  А
С  Ь  Н  Р  У  Т  А  Р  Е  П  М  Е  Т  Й
К  У  Ы  Ж  Т  И  В  Ф  А  О  У  Л  Ө  Г
П  О  Д  С  Л  У  Y  Н  Ө  Г  Й  О  Х  А
Y  Ж  Н  Л  Ө  Э  Ө  А  П  Р  Y  Г  Ю  Л
Е  С  Д  С  А  Л  Х  Л  Г  А  З  Н  Ш  Ь
Т  Y  В  С  Е  А  Ө  У  Ш  Ф  Р  Ө  У  О
Т  Ъ  Я  Ф  Д  Р  Ч  Б  Х  И  А  С  В  Р
А  Р  Л  У  У  Д  В  Р  Y  А  З  Ө  У  Ч
Ч  Н  Б  Д  Y  Ю  О  П  М  Я  А  М  У  И
Ц  И  Д  Е  П  С  К  Э  Y  Р  Г  Н  Д  Н
Ч  У  Ш  И  Л  Ж  И  Л  Т  Ц  Ж  Ө  Д  П
Я  П  Ш  Ф  С  Г  Я  Ж  Н  Ө  Д  К  Ф  Н
```

БУЛАН	МӨС
ШУВУУД	АРЛУУД
YYЛС	ШИЛЖИЛТ
КОНСЕРВ	ХОЙГ
ТИВ	СУДЛААЧ
КОВ	РОКИ
БАЙГАЛЬ ОРЧИН	ШИНЖЛЭХ УХААН
ЭКСПЕДИЦ	ТЕМПЕРАТУР
ГАЗАРЗYЙ	ТОПОГРАФИ
МӨСӨН ГОЛ	УС

51 - Ballet

```
Y З Э Г Ч И Д У Р Е Я У И К
Х Э М Н Э Л Y Р Г К Г Р Л О
Т Е Х Н И К Е Л Б С К Ч Э Ц
Y Т Л И Ш А Т А Г Л А А Р Ж
Д А Д Л А Г А Г Ц Y К Д Х Б
А Ы Ф П Б М И Ч Р Э В И Y
Х Э В М А Я Г Й С Y У А Й Ж
Y Х Д Е К Н Ъ Н Ы О Ш Р Л И
Х О Я М М И Ж Г Ө Х Л Ю Э Г
Д О Х И О Ч Ъ Я П В Ш О Л Ч
Н А Й Р А Л Х Ө Г Ж И М Т И
Ъ Я Y Й Ч У Х И Ч Э Э Л Э Д
Y Ж Ь О Ц Б А П Т Т Ч Ы Й Y
Ъ Н И Ч Т Е Л А Б Н Ч Ш Y И
```

АЛГА ТАШИЛТ	БУЛЧИН
УРЛАГИЙН	ХӨГЖИМ
YЗЭГЧИД	НАЙРАЛ ХӨГЖИМ
БАЛЕТЧИН	ДАДЛАГА
ЧОЙР	ХЭМНЭЛ
БYЖИГЧИД	УР ЧАДВАР
ИЛЭРХИЙЛЭЛТЭЙ	СОЛО
ДОХИО	ХЭВ МАЯГ
ЭРЧИМ	ТЕХНИК
ХИЧЭЭЛ	

52 - Fashion

```
Д У У Н Ч В О Т К М Б С Х П
Д А Х А Н Д Л А Г А Y Е Э Р
Х Э Р Д А А В У У Ч Т У М А
Э Э Г У Х У В Ц А С Э Р Ж К
В Х Ш Э У С Ы С У Ѳ Ц Н И Т
М Т Ь С Н Х Ь Р Ъ Ш Т Ч Л И
А А Ш Е Й У А А Н В Э Й Т К
Я В Т Ю И Х Ю Н И Е Й Э Н Ш
Г Т Н Ф Ж Б Ь Ъ Ж Х Г Т Х Л
Y У Л А М А Г Т А Х Л Э Ы К
Б Х Ч Л О Н Э Р И Й Н Н О Л
Р Т В Т Л Н О Р Л Л С Y М О
Ф А Ь Ш О Ю Ж Ы М Х О Р Р О
Ъ Й Ч Г Б Я Н У Л М Е А Н Б
```

БОЛОМЖИЙН
НЭРИЙН
ТОВЧНУУД
ХУВЦАС
ТАВ ТУХТАЙ
ДЭГЭН
ХАТГАМАЛ
ҮНЭТЭЙ
ДААВУУ

НОР
ХЭМЖИЛТ
ДАРУУХАН
ЭХ
ХЭЭ
ПРАКТИК
ХЭВ МАЯГ
БҮТЭЦТЭЙ
ХАНДЛАГА

53 - Human Body

```
Ъ П Ф Ф Т Ъ К Л Х Х И Ч К Ж
Д Б Х Ц С Н Е Y Е Y Р Я В Ю
Д П Л Т Х Ө Ъ А Е З Y Y Р Э
Ч И Н С У Ц Р Т Ы Y Y К З Т
Х Ө Л Ь Р А М А Х Y Н Д Ч А
Х Ь М Р У М Ө Р Ө Н Ъ Ы Ф Р
Я Ю У А У Е Ж М Л Ъ Р Ш К Х
Т Ш А Г А Й А Ш Е Я С Ъ А И
П О Б Б Я Л М Р Ъ Д С О Г Ь
Ц Ь Х Т Я Р Ө Ш К Ь Ө Ч М К
Ю Ж Ю О Ц Й О Г Л О Т Г А Ъ
Д Ц О Е Й Ъ Р Ь А Х В Г Ю Ь
Ө В Д Ө Г П Ц Б Г Р Ф Г Ю А
О В Н У Д Л Н А Н Y И Л Б У
```

ШАГАЙ	ТОЛГОЙ
ЦУС	ЗYРХ
ЯС	ЭРYY
ТАРХИ	ӨВДӨГ
ЧИН	ХӨЛ
ЧИХ	АМ
ТОХОЙ	ХYЗYY
НYYР	ХАМАР
ХУРУУ	МӨРӨН
ГАР	АРЬС

54 - Fruit

```
И  В  Ч  Г  О  Т  Ъ  А  Б  В  Ъ  Ю  Ъ  В
М  Э  З  Ү  Н  А  С  У  В  Ю  Ц  Д  Н  Г
Х  Д  Е  Й  Е  И  Г  Г  Э  О  У  Ү  Ю  Ы
Н  А  О  Л  Л  И  М  О  Н  П  К  К  Г  Ф
С  Ү  Н  С  Г  В  Б  Д  Э  К  Ц  А  Т  Н
М  Я  О  Б  Л  И  Д  А  Г  М  О  Ч  Д  В
И  Б  Л  С  О  К  О  К  С  Ш  Ц  Ф  Л  О
Л  Н  Ю  Ц  Ъ  Р  М  В  М  З  У  Р  А  Г
А  Т  Т  Ц  В  Й  Г  Ө  И  Ы  Ө  Ч  Ш  Н
И  О  Р  О  П  И  М  О  Ж  Г  У  А  В  А
К  О  О  Ы  О  Л  И  Ф  Ц  Л  О  Я  Ш  М
Х  Р  Н  У  Ь  Р  Т  Ж  Д  О  К  Ш  К  Б
У  Л  Б  А  Р  Ш  А  Р  Г  Л  Й  А  Ө  Ю
Н  Е  К  Т  А  Р  И  Н  Ш  Р  Ы  Ы  В  М
```

АЛИМ	КИВИ
ГҮЙЛС	ЛИМОН
АВОКАДО	МАНГО
ГАДИЛ	НЕКТАРИН
ЖИМСГЭНЭ	УЛБАР ШАР
ИНТООР	ГУА
КОКОС	ТООР
ЗУРАГ	ЛИЙР
УСАН ҮЗЭМ	ХАН БОРГОЦОЙ
ГУАВА	

55 - Virtues #1

```
К  С  И  Т  Г  Э  Л  Т  Э  Й  Х  Х  Ү  П
Н  А  С  А  А  Д  Е  И  Б  О  О  С  Р  Р
Д  Й  Э  Т  Л  И  Ж  Г  Ө  Х  Ы  Ж  А  А
А  Н  У  Ф  М  Е  Р  Е  А  Л  Ш  Я  Ш  К
Р  Ө  Р  Ш  Т  А  Ч  Ф  Ч  Ъ  Р  Ф  И  Т
У  Т  Л  К  И  Т  К  Б  А  И  Ө  Г  Г  И
У  Ч  А  В  Б  Й  О  Т  Г  О  М  О  Т  К
Х  В  Г  Е  Н  О  Д  Л  Ш  Ө  Л  А  С
А  Ө  И  Ц  Р  Ю  К  В  Н  М  Ө  Н  Й  О
Н  К  Й  Ц  Э  В  Э  Р  Э  В  Г  О  Г  Н
Н  Я  Н  Э  Г  Р  Э  М  Я  Р  Ө  Е  В  И
Д  У  Р  Б  У  Л  А  А  М  Х  Л  В  С  У
Н  А  Й  Д  В  А  Р  Т  А  Й  Ү  Э  П  Ч
Т  У  С  Т  А  Й  М  Г  А  Л  А  А  Х  У
```

УРЛАГИЙН	ТУСТАЙ
ДУР БУЛААМ	БИЕ ДААСАН
ЦЭВЭР	УХААЛАГ
ИТГЭЛТЭЙ	ДАРУУХАН
СОНИУЧ	ОМОГТОЙ
ШИЙДВЭРЛЭХ	ӨВЧТӨН
ҮР АШИГТАЙ	ПРАКТИК
ХӨГЖИЛТЭЙ	НАЙДВАРТАЙ
ӨГӨӨМӨР	МЭРГЭН
САЙН	

56 - Engineering

```
Т  А  Ь  Л  Е  З  И  Д  К  Ь  Ө  Ж  Л  Ү
Х  Б  Р  Т  Е  М  А  И  Д  А  Н  Ү  Г  А
Ъ  Ө  Х  А  Т  Ш  Ь  А  Т  Г  Ц  М  А  Х
Л  О  Д  Л  А  А  Ж  Г  Т  Ү  Ө  О  Ч  Ө
Ч  С  Т  Ө  Х  Е  Т  Р  О  П  Г  Т  Ш  Ш
Я  Б  Д  Т  Л  В  А  О  С  Ү  О  Х  Ү
Я  Ф  Ш  Ч  К  Г  М  М  Ц  Х  О  Р  Ө  Ү
М  С  Д  Ж  Ц  Ъ  Ү  М  О  Э  Г  Ш  Д  Р
Х  Э  М  Ж  И  Л  Т  Ү  О  Э  Э  И  Ө  Э
Ч  Ү  Х  М  И  Ч  Р  Э  Р  Г  Л  Н  Л  Г
Ч  Н  М  Л  А  Д  А  Ч  Ч  Ү  Х  Г  Г  Н
Ж  М  Ш  Т  Ю  Ш  Д  О  А  Т  Н  Э  Ө  Ч
Ы  К  Н  Ы  Г  Л  И  Р  А  Б  Э  Н  Ө  Л
Ү  Ж  Б  Ь  Т  М  С  Н  Ц  Э  Т  Ү  Б  К
```

ӨНЦӨГ   ХӨДӨЛГҮҮР
ТЭНХЛЭГ   АРАА
ТООЦОО   ХӨШҮҮРЭГ
БАРИЛГЫН   ШИНГЭН
ГҮН   МАШИН
ДИАГРАММ   ХЭМЖИЛТ
ДИАМЕТР   МОТОР
ДИЗЕЛЬ   ХӨДӨЛГӨӨ
ТҮГЭЭХ   ХҮЧ ЧАДАЛ
ЭРЧИМ ХҮЧ   БҮТЭЦ

57 - Kitchen

```
А Ж Ж Н Ю Х Ө Л Д Ө Ө Г Ч Ъ
Ч Г Ц Н Ө В Ө Х Э Д И Р А Ф
Б Х У У З А А А Г Т У Х Б Ц
Х Я О М Т С Я Р Ж С Э Р Э Э
Ч А Р О Х Л Г А О Б П Х Я Л
Ч Ө Л Г Л А А Ш Р А В А Ш Х
Р С Ө У Т Ы Л Ж А Д А Н Х О
Ө М Х Ь У Б Ү Б Ж О Ч Ч Я Р
М Ь В Ч Д Н М С А И Ө Ш Я М
Г Я Ч П К Ъ Н Ъ У Г Ж Р Е О
Ц К Ы У П Ч С О Р Х А Ш С Г
С А Л Ф Е Т К А Г Ы Г У Ү Ч
Х Ө Р Г Ө Г Ч Ү Б О Ю Ъ Ц Ш
А Ш А Н А Г А Т Т Ш О Ь П И
```

ХОРМОГЧ	ХУТГА
АЯГА	ШАНАГА
САВХ	САЛФЕТКА
ХООЛ	ЗУУХ
СЭРЭЭ	ЖОР
ХӨЛДӨӨГЧ	ХӨРГӨГЧ
ШАРАХ	ХАЛУУН НОГОО
ЖАР	ХӨВӨН
ШАВАР	ХАЛБАГА
ДАНХ	ИДЭХ

58 - Government

```
Ж П Ф Ъ И Е Я О Н Ц У У Б Ж
Л Ы Т Т Д Р Н Э Т С Э Д Н Ү
У Л С Т Ө Р Г В Х И Р И Т Г
Ш Л Ү Ж Ө Ө А Э Ө Л Р Р Э Э
А Ү С Т Ш Т К Ю Н Ш Ы Д М Л
И Р Ү И Ө Ф Х А Ы И Ы А Д Ү
Р С Д Х Х Ю А Б Г Г Й Г Э Ү
Я Ц Ө Ч И Д Ү Ү Р Э Г Ч Г Ц
Ц Ь Д Г И Й И Р Г Э Н Ш И Л
Е В Х А П Л Н Ө Ы В Ц И Ү Э
А Ы Х Е С Ё А Г Р А Д У Ш Л
Г Д Ч Ү Ч Д Ь Л У У Х Я П Э
Ү Н Д Э С Н И Й М Ю Ц Ю П Х
Э Р Х Ч Ө Л Ө Ө И К Ь Б Д И
```

ИРГЭНШИЛ	ЭРХ ЧӨЛӨӨ
ИРГЭНИЙ	ХӨШӨӨ
АРДЧИЛАЛ	ҮНДЭСТЭН
ХЭЛЭЛЦҮҮЛЭГ	ҮНДЭСНИЙ
ДҮҮРЭГ	УЛС ТӨР
ШҮҮХИЙН	ЯРИА
ШУДАРГА ЁС	ТӨР
ХУУЛЬ	ТЭМДЭГ
УДИРДАГЧ	

59 - Art Supplies

```
И  Я  Б  Ф  Б  Ъ  Ш  П  Т  Д  Ш  Б  Л  Ь
К  Ү  У  Ө  Н  Г  Ө  Ө  Р  Е  М  А  К  У
Ц  М  Д  И  Ч  Ь  У  К  Ю  К  О  Л  А  С
Ц  С  А  А  Ц  Н  И  Й  Л  Э  Г  Л  И  Ц
П  Р  Г  Н  У  Ө  А  Б  М  Я  Я  У  А  С
У  Ү  Ы  У  У  У  С  Г  Я  Л  И  У  Ы  Ц
С  Ү  К  А  В  Ү  Ф  К  Ю  Н  Ы  Р  И  М
Ө  Н  С  Г  А  Б  Ч  Ю  Я  Г  Ж  О  Ц  П
С  Ь  Ъ  Р  Ц  Д  Ь  Л  Б  Я  К  А  Ш  Ч
Т  Т  П  А  У  Е  Н  Х  Ү  С  Н  Э  Г  Т
Ү  О  Ы  Д  С  С  Ы  А  М  Р  И  Г  Т  Х
Б  У  С  Р  А  Ц  С  Н  Р  А  В  А  Ш  Л
А  Э  Л  Х  Н  С  Я  Д  С  А  Н  А  А  Н
Т  Ъ  Х  М  Ө  Я  Г  Ж  Б  Ы  Х  Ш  К  Ю
```

НИЙЛЭГ	САНАА
БАГС	БЭХ
КАМЕР	ТОС
ДАРГА	БУДАГ
НҮҮРС	ЦААС
ШАВАР	ХАРАНДАА
ӨНГӨ	ХҮСНЭГТ
БАЛЛУУР	УС
ЦАВУУ	УСАН

60 - Science Fiction

```
И  Ж  М  Ш  Н  Д  З  О  Х  И  О  Л  Ы  Н
А  Y  Р  Ш  Ы  И  Г  О  Л  О  Н  Х  Е  Т
Г  Г  Ю  К  Y  С  В  К  У  Ц  Ж  Х  Л  П
П  Ө  Ъ  В  Е  Т  Л  Ө  Н  Г  Ө  З  Ч  К
Г  А  Р  А  Г  О  Н  И  К  Т  Н  А  Л  С
Х  А  М  Г  О  П  Ъ  У  Ь  Y  О  Ь  А  И
Г  У  Л  К  Р  И  П  О  Т  У  М  П  Г  Ъ
К  А  У  Ц  Г  А  Й  Х  А  Л  Т  А  Й  У
Б  С  Л  Р  У  Д  Э  Л  Б  Э  Р  Э  Л  Т
Ы  Г  А  А  М  У  Р  О  Б  О  Т  У  У  Д
Ц  Г  Ъ  Ө  К  А  Н  Ы  М  О  Т  А  А  У
Т  Л  Н  Б  Ч  Т  Г  Д  Э  Л  Х  И  Й  Ч
Х  Р  Ш  Й  О  Т  И  Д  О  Б  Y  М  Е  Ь
Ь  К  Р  Б  Ш  Ж  Ж  К  П. Я  Т  О  Р  Б
```

АТОМЫН	ХУУРМАГ
НОМ	ЗОХИОЛЫН
КИНО	НУУЦЛАГ
АЛС	ГАРАГ
ДИСТОПИ	БОДИТОЙ
ДЭЛБЭРЭЛТ	РОБОТУУД
ГАЙХАЛТАЙ	ТЕХНОЛОГИ
ГАЛ	УТОПИ
ЗӨГНӨЛТ	ДЭЛХИЙ
ГАЛАКТИК	

61 - Geometry

```
Ө Н Д Ө Р Д Г П Х Ү Ф М Я Е
Ч О К Д Б М Ъ Н Э Ю У Ж О М
Д Т Г Ө Ц Н Ө П М Ө Я О Ю Я
Л И О О Г Г С Е Ж Н А З Ф Е
О Г А О Р Ф Ч Л Э А Ч Э Ю Н
Г А Ө М Б Й Л Э Э И С Р Х Ү
И Д Д М Е П О Г С Д Ф Э Х И
К А Ш Я И Т Ф Т Н Е М Г Е С
Ь Р М А С С Р И Х М К Ц О Б
Ы Г Ь Б И М Г Ш С Ы А Э Н О
Й У Р У М К Я Г Ү Ю Р Э О Т
А У Ь В У Х Х Э Л З Э Е Л Э
Ч С Ц Ь О Э Э Т В Э Х Ө Е Г
Ч Ж Т О О Ц О О О Х Ч Х Л Ш
```

ӨНЦӨГ	МАСС
ТООЦОО	МЕДИАН
ТОЙРОГ	ТОО
МУРУЙ	ЗЭРЭГЦЭЭ
ДИАМЕТР	ЭЗЛЭХ ХУВЬ
ХЭМЖЭЭС	СЕГМЕНТ
ТЭГШИТГЭЛ	ГАДАРГУУ
ӨНДӨР	ТЭГШ
ХЭВТЭЭ	ОНОЛ
ЛОГИК	

62 - Creativity

```
У Я М Я П М Л А Н И Г И Р О
С Р И В Л Ө Ф Я Ь Ү Ъ Г М Б
Э И Ч Й Ө Ъ А Н Х Ш М И Э Ү
Т Л Р А Л Ь Ъ Д Ю Я Я Р Д Т
Г Э Э Г Д Д Т А З Е Ж О Р Э
Э Р Ү Т Ө В Н А Я У Е З Э Э
Г Х Е М Х С А В Х В Р М М Л
Д И П А Л К А Р А Ъ М А Ж И
Э Й Т Р Э Ү М Н К О У Р Г Й
Л Л Э И Г Г О П А Ж Л У Ц Н
У Э Р В Т Н Й И Г А Л Р У Ы
Ж Л С У Э Т Ө С Ө Ө Л Ө Л У
К Д Ж Х С З Ө Н С О В И Н С
Ү З Э Г Д Э Л Ш М Р Ж Т Б Р
```

УРЛАГИЙН	СЭТГЭГДЭЛ
ОРИГИНАЛ	УРАМ ЗОРИГ
ЭРС	ЭРЧИМ
СЭТГЭЛ ХӨДЛӨЛ	ЗӨН СОВИН
ИЛЭРХИЙЛЭЛ	БҮТЭЭЛИЙН
ХУВИРАМТГАЙ	МЭДРЭМЖ
САНАА	УР ЧАДВАР
ЗУРАГ	АЯНДАА
ТӨСӨӨЛӨЛ	ҮЗЭГДЭЛ

63 - Airplanes

```
З Я В Ю Н Ф П Ч Н М Б К Е А
Б О Ш А Й Ө Ф И И Б А М В Д
Б Ц Р А А Г А Г С А Р Д Р А
У Х Э Ч З Л И Л Г Г И Б У Л
У У Г Г И С Р Э Э И Л У Ч Я
Х Й Н Ө Д Г Б Л Г Й Г У Ү В
Ү Л Э Р Ь Ө Ч Ф Ч Н Ы Р Н Д
Ү Р Т Ө Ш Л Ү Т С И Н А Х А
Т А Ъ Т Т Ө Ю Ш Ш Н Ы М С Л
Ь Л Ю С Ы Б Х Ф Н Ы Э Ь У Е
Ч Т Д У Ъ М Ө Н Д Ө Р С Ю Я
Ш Я Ь Ъ Л Ө П У П Л А Г Ү У
Ю Ш Ц Ш А Б В Ш К О Ж А Н Ю
Х Ө Д Ө Л Г Ү Ү Р Р Ж Л Ь С
```

АДАЛ ЯВДАЛ	ТҮЛШ
АГААР	ӨНДӨР
УУР АМЬСГАЛ	ТҮҮХ
БӨМБӨЛӨГ	УСТӨРӨГЧ
БАРИЛГЫН	БУУХ
БАГИЙН	ЗОРЧИГЧ
УДАМ	НИСГЭГЧ
ДИЗАЙН	СЭНС
ЧИГЛЭЛ	ТЭНГЭР
ХӨДӨЛГҮҮР	ХУЙЛРАЛТ

64 - Ocean

```
Ц Н Е А В Ы Ъ К Я М М Ь Д Н
Я А Ю Д А Х С Л Ы Д О Н А А
Я Ю У Г А М А З Н Ы Г Р Л Й
Я Ы В И Н Л Г Б П Ф О Р А М
Ч С И Л У К А Г Ц Х Й Y Й А
Ц Ш Т Ъ Т Ф З Й А Я М Ф Н А
Ь Ы П М Я Г Х Y Н С Е Я Г Л
М Л Y Д Э И К М Ө А Д Ш А Ж
Х А Л И М Л Ю Г В А У Y Х Y
Д О М Ш Y Ж Х Х Ө Н З Р А П
Д Е Л Н Ю К Д И Х Ф Е Э Й Б
Ъ А Г Р У У Ш Б Й Н Б Н В М
Н Ч В А Х М К В Р Л Н Я Я Я
Ю Ж О С Ь Р О Ш М Л Ы Ш И Н
```

ЗАМАГ	ДАВС
ШУРЭН	ДАЛАЙН
ХАВЧ	АКУЛ
ДАЛАЙН ГАХАЙ	ШОРЬС
МОГОЙ	ХӨВӨН
ЗАГАС	ШУУРГА
МЕДУЗ	ТУНА
НАЙМААЛЖ	ЯСТ МЭЛХИЙ
ХЯСААН	ХАЛИМ
ХАД	

65 - Force and Gravity

```
Б  Д  Е  Т  В  Х  Я  О  У  Ч  Ъ  Ү  Ф  Д
Ц  Л  Д  Н  Ь  Ө  Ч  Р  Э  З  Ш  Л  И  И
К  О  У  Т  Н  Д  Т  Б  Р  Ч  А  Р  З  Н
Ш  Д  У  Л  В  Ө  Н  И  Ы  И  Ө  Й  И  А
С  Х  Г  А  Ц  Л  Ы  Т  Л  Э  Э  Н  К  М
И  О  И  Р  Ж  Г  Э  Л  Х  Н  Э  Т  Ө  И
П  Д  Р  У  Х  Ө  У  Э  Х  Й  М  Л  Р  К
Г  Ш  А  О  Ю  Ө  У  Р  Н  И  Д  А  Г  Ц
Х  Г  Г  Т  Н  Н  Б  Ү  Г  Т  С  Р  Ө  Т
Ү  М  Л  Ъ  И  З  Я  Х  Ю  Й  Ю  А  Т  Ь
Ф  К  Ж  И  Ж  Ж  О  Б  В  И  Ж  Д  Г  А
Л  Ө  Л  Ө  Ө  Л  Ө  Н  Л  Н  Ж  А  Ө  Ц
Ө  Г  Х  Ъ  Б  И  А  Е  Ч  Т  У  Р  Л  И
М  Е  Х  А  Н  И  К  Ю  А  Ю  Ц  Ъ  Б  С
```

ТЭНХЛЭГ	ЭРЧ
ТӨВ	ХӨДӨЛГӨӨН
НЭЭЛТ	ОРБИТ
ЗАЙ	ФИЗИК
ДИНАМИК	ГАРИГУУД
ӨРГӨТГӨЛ	ДАРАЛТ
ҮРЭЛТ	ХУРД
НӨЛӨӨЛӨЛ	ЦАГ
СОРОНЗОН	НИЙТИЙН
МЕХАНИК	ЖИН

66 - Birds

```
Т  Р  Ө  Н  Д  Ө  Г  Х  Ш  Ү  Т  Б  Б  С
Х  О  А  У  Т  Ж  Ы  О  Ф  А  Э  Ү  О  С
Э  Х  Г  Х  Ч  Д  Т  Т  П  Ю  М  Р  Р  Ъ
Р  Н  У  О  В  Ъ  И  О  Ъ  Ө  Э  Г  Ш  Т
Э  О  С  Ш  С  Р  А  Н  А  К  Э  Э  У  Т
Э  Ш  Е  Я  С  Ш  У  Ъ  Ө  Г  Н  Д  В  А
Т  О  Т  Ь  Н  Е  Д  П  Р  А  Х  Ф  У  Х
Х  М  Е  Я  О  Ц  О  Н  Ө  Л  Я  Л  У  И
А  А  Ө  Г  Р  Л  Д  В  В  У  Р  А  Т  А
Н  Ө  Ф  Ө  Е  Ф  Л  Х  Т  У  У  М  Ж  Х
О  У  Ц  А  Х  Л  А  Й  А  Ү  У  И  Г  Л
Т  Ү  Г  К  Г  Ө  Т  Я  С  Л  Л  Н  Ф  С
Е  Ү  Я  А  М  О  Х  В  Я  Ц  Ы  Г  Ъ  П
Ъ  Ф  Д  Л  С  Х  Д  У  К  Ж  Т  О  Ь  Д
```

КАНАР	ШОНХОР
ТАХИА	ХЕРОН
ХЭРЭЭ	ТЭМЭЭН ХЯРУУЛ
ХӨХӨӨ	ТОТЬ
НУГАС	ТОГОС
БҮРГЭД	ХОТОН
ӨНДӨГ	ОЦОН
ФЛАМИНГО	БОР ШУВУУ
ГАЛУУ	ӨРӨВТАС
ЦАХЛАЙ	ХУН

67 - Art

```
У Ц Ч Р Ю Д У Д М Д Ф И Ь Y
И О Л Ч Х Я Х И М А Ы Е Ч С
Ф Г Э Д М Э Т Ф З Е Ь Ю Д А
Я Ц Л Х Ы У Н Й И Г Н Э Y Ж
Р О Й А Е Ш Д Я Л А К М Ю У
У Л И Р И П Ы Б А Р И М А Л
У Б Х А Ф М П М Е У Ь Ө Р Э
Н О Р А Ш Э Л Ф Р З У Р А Г
А Р Э Н Ъ Х Ж Ж Р Н П О Г Т
Й Ы Л Ы П Х Ц Y Ю А Д Н Р Э
Р Н И Я В Э Д Э С Р Ъ Г А С
А Х У В И Й Н Л Т У К О Д Ө
Г А Д Л У У Р А Х Y Ы Д У Ы
К Е Р А М И К Ф В Ю Б Ж Ш О
```

КЕРАМИК	ХУВИЙН
ЦОГЦОЛБОР	ЯРУУ НАЙРАГ
БҮТЭЦ	ХАРУУЛДАГ
ИЛЭРХИЙЛЭЛ	БАРИМАЛ
ЗУРАГ	ЭНГИЙН
ШУДАРГА	СЭДЭВ
ОНГОД	СЮРРЕАЛИЗМ
СЭТГЭЛ	ТЭМДЭГ
ЭХ	ХАРААНЫ
УРАН ЗУРАГ	

68 - Nutrition

```
Н  Р  Е  Б  Ф  Ь  Х  И  И  А  Э  Т  Х  Т
Ц  Ү  Ш  Х  В  Ф  А  Т  Л  Ы  Р  Ш  О  Э
Ъ  Ф  Ү  К  Б  Ь  Г  Н  Ч  Ь  Ү  М  О  Н
Ө  А  Ш  Р  Т  Р  Т  О  Л  Л  Ү  Б  Л  Ц
Ф  Ф  О  О  С  Ы  Л  Ю  Э  Э  Л  З  Н  В
Ч  Г  Е  Х  Ю  У  С  Ш  Г  Э  М  У  Ы  Э
Х  Э  Р  Ү  Ү  Л  С  А  Л  Ж  Э  Р  Д  Р
Э  Ү  О  Ү  Я  Б  П  А  М  Э  Н  Ш  У  Т
Г  Ж  Н  У  У  Ш  А  Г  Ч  Т  Д  И  Р  Э
С  И  Ю  С  Ю  Т  С  Р  Ц  М  Ү  Л  Ш  Й
И  Н  Л  М  Н  И  М  А  Т  И  В  Ъ  И  Д
У  У  Р  А  Г  И  Л  Д  Р  Ш  Ъ  А  Л  Р
Ч  А  Н  А  Р  С  Й  А  В  К  Ы  П  П  В
С  Х  С  Ү  Ү  Е  Г  З  Й  О  С  А  Г  Л
```

ХООЛНЫ ДУРШИЛ	ЭРҮҮЛ МЭНД
ТЭНЦВЭРТЭЙ	ЭРҮҮЛ
ГАШУУН	ШИМ ТЭЖЭЭЛ
ИЛЧЛЭГ	УУРАГ
НҮҮРС УС	ЧАНАР
ЗАДАРГАА	СОЙЗ
ХҮНСНИЙ	ХОР
ИСГЭХ	ВИТАМИН
АМТ	ЖИН
ЗУРШИЛ	

69 - Hiking

```
К  Г  Б  Р  Н  Г  Т  В  Ь  Ч  Е  Л  Е  У
Ы  Г  А  Р  У  З  Н  Ы  Р  З  А  Г  Ы  У
Ь  Я  Й  З  Ө  Ч  Ж  Ц  А  Ь  Т  Э  Г  Р
Ө  А  Г  У  Н  Н  Д  Ф  Н  Ш  Д  Л  Е  А
А  Н  А  С  Р  А  Д  Я  О  Ц  Д  Р  Е  М
М  Д  Л  Л  У  У  М  У  Ш  К  Ы  Э  И  Ь
Ь  У  Ь  А  Ы  Ь  Ы  Ь  Т  Х  Е  З  Ц  С
Т  Г  У  Н  Ч  И  Г  Л  Э  Л  Ү  Д  А  Г
А  С  У  Д  К  Ы  А  Л  Ш  Ү  Ч  Н  У  А
Д  Ы  Л  Т  Ц  А  Г  А  Г  А  А  Р  Д  Л
А  Ю  У  Л  А  Х  Ө  Т  Ө  Ч  С  У  Ы  Ю
Ы  Я  Ч  Ч  Ш  Л  Э  Г  Т  Л  Э  Б  У  Н
И  Б  Ы  Р  Ь  Х  А  Д  Ъ  Р  П  Ө  Н  Л
П  О  Ю  Ч  Ү  Ш  Л  М  Х  Б  О  Ъ  Е  А
```

АМЬТАД	УУЛ
ГУТАЛ	БАЙГАЛЬ
ЗУСЛАН	ЧИГЛЭЛ
ХАД	БЭЛТГЭЛ
УУР АМЬСГАЛ	ЧУЛУУ
ХӨТӨЧ	НАР
АЮУЛ	ЯДАРСАН
ХҮНД	УС
ГАЗРЫН ЗУРАГ	ЦАГ АГААР
ШУМУУЛ	ЗЭРЛЭГ

70 - Professions #1

```
Д  Б  Y  Ж  И  Г  Ч  И  Н  Г  Н  Ч  Т  Ю
Д  А  Б  Р  Е  Д  А  К  Т  О  Р  Y  С  Т
В  Б  С  Ч  Ь  Л  У  У  Х  Л  С  Y  Ш  Ь
Г  А  Х  Г  Ө  М  Г  Ө  Ө  Л  Ө  Г  Ч  Ф
Е  Н  Y  Ө  А  Э  Л  Ч  И  Н  С  А  Й  Д
О  К  Н  Ө  Г  Л  Э  Л  Д  Э  Т  Э  Н  Y
Л  И  И  Н  Х  Ж  Ж  М  В  Ч  В  А  О  П
О  Р  Ч  Ө  Y  Ю  И  У  Ч  Г  Ч  Н  С  Л
Г  Д  Й  С  И  Ж  А  М  У  А  М  Ч  В  Ю
И  М  А  Л  А  О  Н  Y  Ч  Л  Е  И  П  М
Ч  Р  Л  А  Y  Ц  Б  Л  А  И  А  Н  О  Б
Y  Ч  А  Г  Ы  Б  К  Ь  М  В  Н  Г  Л  Е
О  Ё  Д  О  Л  Ч  И  Н  И  У  Я  С  Ч  Р
Ч  Й  Y  З  Л  Э  Г  Т  Э  С  Д  Ф  Ч  Ъ
```

ЭЛЧИН САЙД	АНЧИН
ӨМГӨӨЛӨГЧ	YНЭТ ЭДЛЭЛ
БАНКИР	ХУУЛЬЧ
ДАСГАЛЖУУЛАГЧ	ХӨГЖИМЧИН
БYЖИГЧИН	СУВИЛАГЧ
ЭМЧ	ПЛЮМБЕР
РЕДАКТОР	СЭТГЭЛ ЗYЙЧ
ГАЛ СӨНӨӨГЧ	ДАЛАЙЧИН
ГЕОЛОГИЧ	ОЁДОЛЧИН

71 - Barbecues

```
Р Ц М Р Т Х Т О Г Л О О М Х
В Ъ И Ү Ш Ө С М Ж Д О У Б Ү
М Р Ө Б Ф Г Э Ш М Ж Г Ө Ж Ү
К А М Ф Р Ж Р К Е Х О О Л Х
Ш А Р А Х И Э Г К Ө Н Ө Ү Д
Х Ю Х Б Ө М Э Т О Л Й М Б Ү
А Б С В А Д Ч Ъ Р С И Д Р Ү
Л Т А Х У Т Г А О Г Н Ш Э Д
У Ш Л Ж И М С С Й Ө С Т Г Т
У Д А П З П Ц В Н Л Н А Ъ Б
Н Ч Д С У Й У О Х Ө Ү Х О Н
Я Б Л Ю Н Б О Х О Н Х И Т Ю
Н А Й З У У Д С О П Ъ А Ю Б
Е Ө И Ю Ь Л О О Л Н А А Л У
```

ТАХИА	ХАЛУУН
ХҮҮХДҮҮД	ӨЛСГӨЛӨН
ОРОЙН ХООЛ	ХУТГА
ГЭР БҮЛ	ХӨГЖИМ
ХООЛ	САЛАД
СЭРЭЭ	ДАВС
НАЙЗУУД	СОЙЗ
ЖИМС	ЗУН
ТОГЛООМ	УЛААН ЛООЛЬ
ШАРАХ	ХҮНСНИЙ НОГОО

72 - Chocolate

```
Ч Й Т С Ы Д И Ө Р О Ю А У К
Н А Х Й А С М Г А Т Н У Н О
М Т Н Ь Л Е М А Р А К А Э К
Е Т Е А Ф Т И Ш Э Т Ю Н Л О
Т М Е У Р О Ж У Н И В Т С С
Ч А М И Н Э Ф У Ү Д Я И Э М
К А К А О У Х Н С У П О Н Ф
О А М Т Б С Х И Т Р Н К Ч Ц
В Р И Л Ч Л Э Г Ч Т Е С И Р
Я И Ц Ү Ъ Д Д Ү Д А А И Х Ш
Ш Х Т О Ч Л И Г Л Й Ө Д Э Ж
Н А Ъ К Ч Г Е Ъ И Ь Л А Р Н
Ф Ш И Е Р К С М Я А Т Н В Б
Ш Р Н Д У Е С Ф Т Л Н Т В Ь
```

АНТИОКСИДАНТ	ДУРТАЙ
ҮНЭР	ОРЦ
ГАШУУН	НУНТАГ
КАКАО	ЧАНАР
ИЛЧЛЭГ	ЖОР
ЧИХЭР	ЭЛСЭН ЧИХЭР
КАРАМЕЛЬ	САЙХАН
КОКОС	АМТ
АМТТАЙ	ИДЭХ
ЧАМИН	

73 - Vegetables

```
Х  В  Г  Т  О  Л  Л  А  Ш  О  Ц  Х  Р  Л
Х  А  О  В  А  Н  Д  У  Й  У  Ш  Н  Я  У
Б  У  Ш  Я  Я  Б  И  Ш  В  Г  Е  Ч  М  У
Р  Ү  Л  Ө  Ь  В  Ю  Г  Ө  Ө  М  С  А  В
О  Т  Н  У  П  П  Н  Ү  Н  М  Ы  П  Н  А
К  Й  А  Ц  У  У  Б  Д  У  О  И  Ш  Ж  Н
К  О  Ш  И  Т  Р  А  Т  М  В  С  М  И  Г
О  С  Ъ  Ц  А  Г  А  А  Н  Г  А  А  Н  К
Л  Р  Н  Ф  Л  С  А  Р  М  И  С  В  Р  Г
И  Ж  Ц  Н  А  В  У  У  Л  Н  А  А  Л  У
М  О  Я  Ч  С  С  Е  Л  Ө  Д  Е  Р  Е  Й
У  Л  А  А  Н  Л  О  О  Л  Ь  П  И  П  В
Ц  Э  Ц  Э  Г  Т  Б  А  Й  Ц  А  А  В  У
Ө  Р  Г  Ө  С  Т  Х  Э  М  Х  Р  Ж  Д  Ө
```

АРТИШОК	СОНГИНО
БРОККОЛИ	ЯНШУЙ
ЛУУВАН	ВАНДУЙ
ЦЭЦЭГТ БАЙЦАА	ХУЛУУ
СЕЛӨДЕРЕЙ	УЛААН ЛУУВАН
ӨРГӨСТ ХЭМХ	САЛАТ
ХАШ	ШАЛЛОТ
САРМИС	БУУЦАЙ
ЦАГААН ГАА	УЛААН ЛООЛЬ
МӨӨГ	МАНЖИН

74 - The Media

```
Ү Б Х У В Ь Х Ү Н Г К Ү К Ь
Г Т О Т Е Л Е В И З Н Н Д Ш
Д Л Э Л В Э Х Ю К М М Ч П Ц
В И Э Ү О Л Ү Б О Ы Н У Ю О
Ы Ж Ж П Я В Г Р Ь Н Ч Ө Р Б
Ю Ү Л И А А С К С А Ъ Ю Ь А
О Ү Ү Т Т Г П Р Г А Р У З Р
Н Х С Н Ъ А Т С О Ж Н И Г И
Л Н Ь М Ө Л Л Л Ы Л И А О М
А А Р Э В Д Л Й Ү И Н П Л Т
Й С Р Ъ Ө Н Д И Р Р О Г Ъ Ы
Н Х Л Л О А Е Е Ж А С Ө Ъ Ш
Р А Д И О Х Ж С Э Т Г Ү Ү Л
О Р О Н Н У Т Г И Й Н А Ш Ү
```

ХАНДЛАГА
АРИЛЖААНЫ
ДИЖИТАЛ
ХЭВЛЭЛ
БОЛОВСРОЛ
БАРИМТ
САНХҮҮЖИЛТ
ЗУРАГ
ХУВЬ ХҮН
ҮЙЛДВЭР

ОЮУНЫ
ОРОН НУТГИЙН
СЭТГҮҮЛ
СҮЛЖЭЭ
СОНИН
ОНЛАЙН
САНАЛ
РАДИО
ТЕЛЕВИЗ

75 - Boats

```
Б  С  Л  О  Ф  Т  Г  Я  Б  Х  Н  Н  В  Ъ
Б  З  А  В  Ь  Э  А  Р  А  Н  Ө  Г  У  Л
М  Ф  С  Л  О  Н  Р  Д  Г  Я  П  В  Е  Ш
Ю  Ф  Ю  А  Д  Г  А  Ъ  И  Л  Ш  С  Ө  О
Ш  Т  Р  Т  А  Э  М  Я  Й  Ө  Ж  Х  Ш  Х
Х  И  Р  В  Л  Р  У  У  Н  Л  Ө  К  В  Х
Ө  Ү  Г  Ш  А  Х  Н  И  Ч  Й  А  Л  А  Д
Д  Ъ  Ж  Ү  Й  Ү  Ш  Ү  С  В  А  К  Ө  Ы
Ө  О  К  У  Ү  Ы  Д  Ы  Ф  Ы  Ч  Л  О  Г
Л  А  В  Р  А  Х  З  А  В  Ь  Ц  А  А  К
Г  И  Ш  Ү  Т  К  Е  Ю  С  Н  К  Г  Л  Д
Ү  Ь  В  А  З  Т  Р  Ү  Ү  Л  Э  С  Я  Г
Ү  Д  А  Л  Б  А  А  Т  Б  А  Г  Р  Ц  Ш
Р  Д  А  Р  В  У  У  Л  Т  Ж  Т  У  Ө  Е
```

ТҮШИГ	ДАЛАЙН
ХӨВӨХ	ДАЛАЙ
СЭЛҮҮРТ ЗАВЬ	САЛ
БАГИЙН	ГОЛ
ХӨДӨЛГҮҮР	ОЛС
ГАРАМ	ДАЛБААТ
ЗАВЬ	ДАЛАЙЧИН
НУУР	ТЭНГЭР
АВРАХ ЗАВЬ	УРСГАЛ
ШИГҮҮ	ДАРВУУЛТ

76 - Activities and Leisure

```
Ю А Ш У М Б А Х А Е П Ю В Ы
У С А Г С А Н Б Ө М Б Ө Г Г
Ж Р Ф Х П Ы А М Р А Х Ж Ъ Ө
У Ж А Х Н Л У Ж Н Ь Л Л А Б
Г С Е Н А Л С У З Б О У Я М
С Ү А Б З У Ө Ц Ь И Б Р Л Ө
С С Ү Н О У З А Г А С Л А Б
В Ө Ы Я Ю К Р Ф Н Л Й А Л Л
Ф Ө Н Е С Ы С А Ү И Е Г Ф Ө
Ө Ю В Н И Ү И О Г И Б Б О Х
Я В Г А Н А Я Л А Л Т Р Ы Ы
И Ы А Ө Н У Р А Л Д А А Н Ы
Д Ж Ф Ц Е В О Л Е Й Б О Л И
Ц Г М О Т Ү К Г О Л Ь Ф В Г
```

УРЛАГ	ХОББИ
БЕЙСБОЛ	УРАН ЗУРАГ
САГСАН БӨМБӨГ	УРАЛДААН
БОКС	АМРАХ
ЗУСЛАН	ХӨЛ БӨМБӨГ
ШУМБАХ	УСАН
ЗАГАС	ТЕННИС
ГОЛЬФ	АЯЛАЛ
ЯВГАН АЯЛАЛ	ВОЛЕЙБОЛ

77 - Driving

```
Я  В  Г  А  Н  Х  Υ  Н  И  Й  К  Х  В  А
У  Ж  М  А  Д  У  Г  Г  Ш  Т  Л  У  Ю  А
Л  О  Б  Υ  Ф  Ш  С  А  П  Л  Ф  Р  Т  Ь
А  Л  Т  Т  Ы  Ы  Ц  Р  Н  О  Υ  Д  У  М
Л  О  Ы  Э  Е  Н  С  У  И  С  К  Т  Н  О
Г  О  Ь  Ъ  Э  Ц  Г  З  Ш  О  М  О  Н  Т
Ш  Ч  Ю  Ы  О  В  Б  Н  А  Ъ  Ы  О  Е  О
М  А  Ш  И  Н  Υ  Э  Ы  М  Х  Ъ  Р  Л  Ц
А  А  Г  А  Р  А  Ж  Р  Ы  И  У  М  Ь  И
З  Д  С  Р  О  Т  Ш  З  Н  Й  Я  О  У  К
Ж  Г  Ф  Д  Т  Ж  А  А  А  А  П  С  Ы  Л
Ъ  А  Е  Ф  О  П  Е  Г  А  М  С  Х  М  Ч
Е  Ц  Х  Ю  М  Ъ  С  Я  Ч  О  Ы  Ъ  Ы  Ц
Ь  Я  Ю  Д  Б  Ч  Ю  Ɵ  А  Ж  Ф  Н  Л  Е
```

ОСОЛ	МОТОЦИКЛ
ТООРМОС	ЯВГАН ХҮНИЙ
МАШИН	ЦАГДАА
АЮУЛ	ЗАМ
ЖОЛООЧ	ХУРД
ТҮЛШ	ГУДАМЖ
ГАРАЖ	ЗАМЫН
ХИЙ	ТЭЭВЭР
ГАЗРЫН ЗУРАГ	АЧААНЫ МАШИН
МОТОР	ТУННЕЛЬ

78 - Professions #2

```
С  Ю  Ө  Ө  Ц  Ф  И  Л  О  С  О  Ф  И  Ч
Х  Э  К  К  В  Э  К  Б  Ф  Х  П  Р  Ү  М
Э  М  Т  Ч  Ф  Х  Ц  Ы  Я  Ү  И  Е  Ү  Э
Л  Ш  З  Г  Х  М  У  Э  Ь  Л  Е  М  Ф  Ө
Ш  Ү  У  Э  Ү  К  Б  Ф  Р  С  Ю  Р  И  Ь
И  Д  Р  Г  Б  Ү  Я  Ь  Е  Л  К  Е  С  Ч
Н  Н  А  С  А  А  Л  С  Н  Ч  Э  Ф  Ж  А
Ж  И  А  И  Г  С  Ү  Ч  Е  Р  Ы  Г  И  А
Э  Й  Ч  Н  Ш  Ү  Ж  Ш  Ж  К  Ж  Ы  Ч  Л
Э  Э  Г  Ю  Ч  Н  А  С  Н  Ы  М  О  Н  Д
Ч  М  А  Ф  Е  Р  Ж  Ч  И  Е  Х  Ц  К  У
Ф  Ч  Р  М  Э  С  З  А  С  А  Л  Ч  Я  С
Я  Ъ  У  Б  И  О  Л  О  Г  И  Ч  Г  Ш  Ү
И  В  З  У  Л  С  Т  Ө  Р  Ч  Т  Д  К  Р
```

БИОЛОГИЧ
ХИМИЧ
ШҮДНИЙ ЭМЧ
ИНЖЕНЕР
ФЕРМЕР
ЦЭЦЭРЛЭГЧ
ЗУРАГЧ
СЭТГҮҮЛЧ
НОМЫН САНЧ

ХЭЛ ШИНЖЭЭЧ
ЗУРААЧ
ФИЛОСОФИЧ
ЭМЧ
НИСГЭГЧ
УЛС ТӨРЧ
СУДЛААЧ
МЭС ЗАСАЛЧ
БАГШ

79 - Mythology

И Т Г Э Л Ү Н Э М Ш И Л Я Ю
Л А Б И Р И Н Т Д А Й Ч И Н
Ө Ш Ө Ө А В А Л Т Ы А Ы Н Л
Т Т Ө М М А С Ц У Д С Ж Ү С
Л Э Э Т Ү Б А А Т А Р А Х О
Ы Ө Н Ж Б О Г Г С Х Г Т Э Ё
А Ц Г Г Ц М Н Н Ъ Р А А Ш Л
Ф Р С И Э Д А Я Я У М А Г Х
Ө Л Х Ц Х Р М А П Б Ш Р Ү Ч
С Н Ү Е М Б О Г Г Ү И Х Й С
В Ө Л Ө Т Н А З О Д Г А О Д
А Ю А Л Е И Р Ч Т М Х Л К Г
С О В Ш Ц Ы П Г В Я О Ю Л Ы
А М Ь Т А Н Х Ү Ч Ч А Д А Л

АРХЕТИП	ҮХЭШГҮЙ
ЗАН ТӨЛӨВ	АТААРХАЛ
ИТГЭЛ ҮНЭМШИЛ	ЛАБИРИНТ
БҮТЭЭЛ	ДОМОГ
АМЬТАН	АЯНГА
СОЁЛ	МАНГАС
БУРХАД	ӨШӨӨ АВАЛТ
ГАМШИГ	ХҮЧ ЧАДАЛ
ТЭНГЭР	ДАЙЧИН
БААТАР	

80 - Hair Types

Н	Ю	Ц	Ф	Г	Ч	Б	К	Г	Ш	Ю	Д	Ю	С
И	Т	А	Ө	К	З	Б	Ь	Г	Ү	Д	Л	Р	Ц
М	Ы	Г	О	Х	В	У	У	Х	Ь	Г	С	Ү	Д
Г	Н	А	А	И	Ү	Х	З	И	Ф	В	Л	Ө	Е
Э	И	А	У	Ж	Д	У	Р	А	Г	Ж	Р	У	Б
Н	Й	Н	Ү	Л	И	У	Г	С	А	Е	У	Р	Т
Б	Л	Б	Л	Ү	Ү	Р	Э	Б	Д	Н	К	Ж	Ү
О	С	З	О	С	Н	А	С	З	Л	А	Л	Я	Г
Р	Э	Р	Ө	Г	Ө	Й	Э	Т	Ө	Г	Н	Ө	О
С	Н	Н	Ж	Ө	И	Д	О	Л	Г	И	О	Н	Т
Ь	А	Ч	Ю	Ш	Л	Н	А	З	Л	А	Х	Т	П
С	А	А	Р	А	Л	Ө	О	Ш	А	Р	Г	А	Л
Х	М	Ө	И	Ц	Ө	Г	Н	Ө	М	Х	А	Р	И
И	Н	Р	Ь	В	О	Д	Е	М	Ы	Ү	А	Ы	И

ХАЛЗАН
ХАР
ШАРГАЛ
НИЙЛСЭН
СҮЛЖИХ
БОР
ӨНГӨТЭЙ
БУРЖГАР
ХУУРАЙ
СААРАЛ

ЭРҮҮЛ
УРТ
ГЯЛАЛЗСАН
БОГИНО
МӨНГӨ
ЗӨӨЛӨН
ЗУЗААН
НИМГЭН
ДОЛГИОНТ
ЦАГААН

81 - Diplomacy

```
Э Л Ч И Н С А Й Д Г Ш З Х О
Э С Э И Г Ъ Т Ж Э А У А Ү Л
Р Ө О Д Ү О Ш Д Г Д Д С М О
Э Ф Ш Д Й У Ш И Р А А Г Ү Н
Г А В Г В И К П И А Р И Ү Н
Н И Х О А Е Ш Л Ф Д Г Й Н И
О Р Ф Я К Ү Я О Э Ф А Н Л Й
Т Г Ж Ц Б Д К М Ь Х Ё Г Э Т
О Э Ё С З Ү Й А Б Ө С А Г И
О Н Е А В Ц Ч Т Н Л М З И Й
Б И У Л С Т Ө Р В В В А Й Н
Л Й Т О Г Т О О Л Ө Ү Р Н Ь
О Ю У Ы У Т Ш Ц А З В Ч С Ж
Х Э Л Э Л Ц Ү Ү Л Э Г У Ъ П
```

ЗӨВЛӨХ	ГАДААД
ХОЛБООТОН	ЗАСГИЙН ГАЗАР
ЭЛЧИН САЙД	ХҮМҮҮНЛЭГИЙН
ИРГЭД	ШУДАРГА ЁС
ИРГЭНИЙ	ХЭЛ
ОЛОН НИЙТИЙН	УЛС ТӨР
ДИПЛОМАТ	ТОГТООЛ
ХЭЛЭЛЦҮҮЛЭГ	ШИЙДЭЛ
ЁС ЗҮЙ	ГЭРЭЭ

82 - Countries #1

```
Ф И Н Л А Н Д Х С Ц Я Л Υ Н
Р Л И В И П П О Л Ь Ш Д Ъ О
Е У И В К А Р И Н А П С И Р
Л Г М Р Н Н М З К Г Ф У П В
Л А И Ы Д А А Р Х Ъ Х Ю О Е
Б Д Т П Н М Р А Р Υ И Д Я Г
Т О Б В Е С О И Д П У М О И
Ч Т Ю Д И Т К Л А Г Е Н Е С
И Ф Ъ К Л Р К Ь Н И Д А Д Р
Т О Ц Ъ Ъ К О Л А И Н М Я Д
А Б Р А З И Л Ь К М Υ Р Ы Θ
Л Н И К А Р А Г У А Ы Е П П
И Υ Т Х В Ь Е Т Н А М Г А Ъ
В Е Н Е С У Э Л Л Д А Ц И Θ
```

БРАЗИЛ	МАРОККО
КАНАД	НИКАРАГУА
ЕГИПЕТ	НОРВЕГИ
ФИНЛАНД	ПАНАМ
ГЕРМАН	ПОЛЬШ
ИРАК	РУМЫН
ИЗРАИЛЬ	СЕНЕГАЛ
ИТАЛИ	ИСПАНИ
ЛАТВИ	ВЕНЕСУЭЛ
ЛИВИ	ВЬЕТНАМ

83 - Adjectives #1

```
Т П В Г Ө Ю Ү В Ж Ч Л Ү С У
Й А Т Л А Г Р А Ж З А Н Э Р
В Й М Л П Р Ө Ч Т Т Д Э Т Л
Я Ү Н И М А Ч Ө У О Ж Р Г А
С Х Е Й Ү Ф Ю Х М Х Т Т Э Г
Й Э Т Ц И Б М А Ь Ө А Ш Л И
А Л И Ж И Е Ц Р У Ч Р Л Т Й
Т М Х Т Ъ Ы Ү А Я Я Ю Ж А Н
С Э Т Ф Я Т П Н А А Д У Т Э
У Н Н Ү П Х В Х И Ш Б Х А Г
Т Ү А Г Р А Д У Ш Ч Ъ Ю М М
С А Й Х А Н Н Й О Я Р К Ү И
Х Ф Х Ү Н Д К Й О Т Ц О Н Н
А Ү Н Э Ц Э Н Э Т Э Й Ф Ъ П
```

ҮНЭМЛЭХҮЙ	ХҮНД
АМБИЦТЭЙ	ТУСТАЙ
ҮНЭРТ	ШУДАРГА
УРЛАГИЙН	ИЖИЛ
СЭТГЭЛ ТАТАМ	ЧУХАЛ
САЙХАН	ОРЧИН ҮЕИЙН
ХАРАНХУЙ	НОЦТОЙ
ЧАМИН	УДААН
ӨГӨӨМӨР	НИМГЭН
АЗ ЖАРГАЛТАЙ	ҮНЭ ЦЭНЭТЭЙ

84 - Landscapes

```
И М Ү К У Ө Б О У П Т А Г Ж
Т Э Н Г Э Р А И Я Ө Е Г Е К
Р Ф У Н У Г Я Ы Ө В Ө У Й Д
Г А М А Н А Н Ө С Ө М Й З Ц
А Ө П Г С У З А И Х Ү Х Е Я
Л У У Ф Ц Х Ү Ф Ы Ч Н И Р Г
Т О П Т Г Э Р Э Н Й А Л А Д
У К Г Ч У К Х П Ү И Н Л В Ъ
У О К Ч Т Н Ъ Б Я Д Г Ө Ц П
Л Н Й А Л А Д П М Н В Ц Г Ь
Р У У Р Ө Р Ө Р К Ө Ъ Ү Р О
Ф Д Ы У М А Ъ Г А Х Х О Й Г
Ю О Ж Я Р Л О Г Н Ө С Ө М Г
Е Ж Ы Х Ү Р Х Р Э Э Ж Ф В Н
```

ДАЛАЙН ЭРЭГ	БАЯНЗҮРХ
АГУЙ	ДАЛАЙ
ЦӨЛ	ХОЙГ
ГЕЙЗЕР	ГОЛ
МӨСӨН ГОЛ	ТЭНГЭР
ХИЛЛ	НАМАГ
МӨСӨН	ТУНДРА
АРАЛ	ХӨНДИЙ
НУУР	ГАЛТ УУЛ
УУЛ	ХҮРХРЭЭ

85 - Plants

```
М Д О М А Ш Ж Ч Ц Б Ь Р Т Ы
Ш Е Й У О Р И Ш И О О Ж М Р
Ү Ш Н Б О Р Д О О Т Б Ф Ф Т
У У Р Г А М А Л Г А К Ы Г Н
Х Б Ж Б В Ч Н Ь Н Н А У Д А
Ц И Ш И У Ю Ю Д О И К Ө В С
Л Э Я Ы М У У Ы О К Т Г Ө Л
А Ы Ц С К С Р Ф Р И У Ц Х У
Ф Ь Ъ Э Г Ъ Г Ц О Й С Ү А Х
Е С Ф Д Р А Э Э А Н Н А В Ч
Я Х Е Н Р Л Ц Ж Н Г Ч П Ө И
У Ь Р Ү Х Э Э Б Л Э Д Т О Г
Ж Н Ш Ю У Е Ц Г К К Ч Ч Т К
У Р Г А М Л Ы Н Ь И Я Ч П Ъ
```

ХУЛСАН	ОЙН
БУУРЦАГ	ЦЭЦЭРЛЭГ
ЖИМСГЭНЭ	ӨВС
БОТАНИКИЙН	ОРООНГО
БУШ	ХӨВД
КАКТУС	ДЭЛБЭЭ
БОРДОО	ҮНДЭС
УРГАМАЛ	ИШ
ЦЭЦЭГ	МОД
НАВЧ	УРГАМЛЫН

86 - Boxing

```
Ф Г Г Д П С С И Ж Р П Ц Ө Я
Ю О Ь Э Ш Л Э Б Ы Ү Н Ч Р Д
Л Х К П М О И Р Х У Ь Ш С А
Ч И Н У Ь Т Е Ч Г Ү Ү Ш Ө Р
Ъ Ө Ц Б С Г Э Р Я Э Ж Д Л С
Н У Д А Р Г А Л Е Ш Э О Д А
И Ү Т Ч К Х У Р С А Н Х Ө Н
Ч Ү Ж Ь Ө Н У К Ц Ф А Н Г Д
Й О Х О Т О О Н О Е Л Л Ч Б
А Ч О А Б Х Е Д М У У Ъ Х Э
Д Х Ү Ч Ч А Д А Л В Б М Ь Э
Ш Н П П Б И Е Х Х Р Б Г Г Л
Ө Ю У Р Ч А Д В А Р А И В И
И Д Г Б Ү Ц О Х И Л Т Ц М Й
```

ХОНХ	ГЭМТЭЛ
БИЕ	ЦОХИЛТ
ЧИН	ӨРСӨЛДӨГЧ
БУЛАН	ОНОО
ТОХОЙ	ХУРДАН
ЯДАРСАН	СЭРГЭЭХ
ДАЙЧИН	ШҮҮГЧ
НУДАРГА	ОЛС
ФОКУС	УР ЧАДВАР
БЭЭЛИЙ	ХҮЧ ЧАДАЛ

87 - Countries #2

```
А Л Ц У К Р А И Н С О А Л Г
Л Ъ Ж Л Ш Ѳ Д П Х О Ѳ Ф Б Ү
Б Ү Х Ч Ү Х Ц Ш Ч М К Н Ж К
А Ъ О К Ы Т Ү Ѳ Р А Ч В Ф Ѳ
Н А Д У С Л Д Р О Л К Е Ч Ы
И Н А Д Ш П И Ы К И В Е У Ю
Ъ Н Ы Ы Ч А Ү Д И Я Ш И М Л
О Р О С Ъ К Ѳ Ж С Л П Е Е В
Э И Р Е Б И Л Ю К Ъ Д О Г У
С Т Р Ъ Я С И Р Е Г И Н Н У
О И И Ф Ч Т Т Ч М О К Е Р Г
К Л Р О Ѳ А Й Ж Ш Ш Г П Ч Н
Ю У Ж И П Н А Н А К Й А М Я
У Г А Н Д А Г Н А В И Л Р Ъ
```

АЛБАНИ	МЕКСИК
ДАНИ	НЕПАЛ
ЭТИОП	НИГЕРИ
ГРЕК	ПАКИСТАН
ГАЙТИ	ОРОС
ЯМАЙКА	СОМАЛИ
ЯПОН	СУДАН
ЛАОС	СИРИ
ЛИВАН	УГАНДА
ЛИБЕРИ	УКРАИН

88 - Adjectives #2

```
Т О Е Ю Х Ө Л С Г Ө Л Ө Н Ю
А Х М С Й А Т С В А Д С Ю И
Й Б А Й О Т Л О Х Р И Н О С
Л Ү Ш Р Ө У Х У З Э Р Л Э Г
Б Т И Х И Ф Ө Ы У Р О Ө Д Ъ
А Э Н Ү Э У Ц Т Ъ Н Э Г Э Д
Р Э Э Ч Ч Р Ц Б Ү Т Э Э Л Ч
Ө М Н Т Т Л Ү Л Х У У Р А Й
И Ж Э Э Ө И Б Ү А Я А Ы О Ъ
О Т Х Й П Ч Ф Ъ Л Г Н Ю М Ю
М Э Н Н О Й Р М О Г А Н О Ф
Н Й И Л А Г Й А Б Ж Б Т Н К
Т Г Ж А В Ь Я А С Л А Г А Л
Е Н У П Г Б А Х А Р Х А Л Й
```

ЖИНХЭНЭ	БАЙГАЛИЙН
БҮТЭЭЛЧ	ШИНЭ
ТАЙЛБАР	БҮТЭЭМЖТЭЙ
ХУУРАЙ	БАХАРХАЛ
ДЭГЭН	ХАРИУЦЛАГАТАЙ
АВЬЯАСЛАГ	ДАВСТАЙ
ЭРҮҮЛ	НОЙРМОГ
ХАЛУУН	ХҮЧТЭЙ
ӨЛСГӨЛӨН	ЗЭРЛЭГ
СОНИРХОЛТОЙ	

89 - Psychology

С	Ж	Х	Х	Y	Н	Э	Л	Г	Э	Э	В	Х	К
Ы	Ъ	Ө	Ь	У	М	Э	Д	Р	Э	М	Ж	Y	Ө
Ю	Ш	Р	В	Ш	В	А	Ч	Е	Я	Д	Y	Y	С
С	Ы	П	Т	Ж	Ө	И	У	К	Т	Э	Т	Х	Э
О	Й	Л	Г	О	Л	Т	Й	Е	Д	Э	З	Э	Т
Т	О	М	И	Л	О	Х	Р	Н	С	Г	Ө	Д	Г
Б	О	Д	И	Т	Б	А	Й	Д	А	Л	Р	Н	Э
Б	О	Д	О	Л	А	Г	Ь	Ф	Я	И	Ч	А	Л
К	Г	А	Ш	Ю	С	З	Y	Ь	Ц	Ч	И	С	Х
Л	Э	В	С	Д	У	Ш	Y	Ъ	У	М	Л	К	Ө
И	Ы	В	А	Ө	У	Ж	Y	Y	С	Э	Д	Ц	Д
Н	И	У	Н	И	Д	Д	Р	Н	Д	У	Ө	Я	Л
И	Y	Y	А	Г	А	Л	Ш	Р	У	Т	Ө	М	Ө
К	Ц	С	А	Ь	Л	Ө	Т	Ю	Л	С	Н	Л	Л

ТОМИЛОХ
ҮНЭЛГЭЭ
ХҮҮХЭД НАС
КЛИНИК
ЗӨРЧИЛДӨӨН
ЗҮҮД
ЭГО
СЭТГЭЛ ХӨДЛӨЛ
ТУРШЛАГА

САНАА
ОЙЛГОЛТ
ХУВИЙН
АСУУДАЛ
БОДИТ БАЙДАЛ
МЭДРЭМЖ
ЭМЧИЛГЭЭ
БОДОЛ

90 - Math

```
Ф Р А К Ц Ч Г Э Г Т Л И С Т
П А Д О Ж Ф Е Г Я Т Я θ Ь Э
О Р Ю Д Т Д О У О А М Ь Y Г
Л А Ъ Л С И М Р Ж Р Ч Н Y Ш
И В С Е Ж Х Е В Ц Д Й Ф Ъ И
Г Т У Д О Ш Т А Е А Б О Н Т
О Ы И О Д Г Р Л Т В Л О Т Г
Н Н Д Р О Э Ж Ы К Х К Ш Э
Д И А М Е Т Р И Я Д Б П Ч Л
Y Б Р И Е У О Н Б О Ш θ Ж Y
Т Э Г Ш θ Н Ц θ Г Т Ы Ь Г У
Г К Ж Л Т А Р И Ф М Е Т И К
П Е Р И М Е Т Р θ Н Ц θ Г П
Х Ф Ш У У Х Э Л Т Э С Ъ У θ
```

θНЦθГ	ГЕОМЕТР
АРИФМЕТИК	ТОО
ТОЙРОГ	ПЕРИМЕТР
АРАВТЫН	ПОЛИГОН
ДИАМЕТР	РАДИУС
ХЭЛТЭС	ТЭГШ θНЦθГТ
ТЭГШИТГЭЛ	КВАДРАТ
ИЛТГЭГЧ	ТЭГШ
ФРАКЦ	ГУРВАЛЖИН

91 - Water

```
Х К Т С А Ц У У Р Ш Е Б Б У
Л Ж Ш У Л П Т У Л Ү Т О Ү С
О М Ч В М Т Ю Ɵ Ш Р Ъ Р М А
Г О Т А Ɵ Е Ф Л Ч Ш Ь О У Л
Ү Е Р Г С Ш Ь С Н Ү И О А Г
П Ь А О Ф Л У Ү И Ү Ж Н Н А
У Х Ж Т Б Х Х Ү Х Р Н Ы Ɵ А
Й Д О Л Г И О Н Л Т Г У И А
Э Р А Ш И Т Р Д А Л А Й У Б
Т Ъ Ф Ж Ɵ Ъ Ш Е С И П Х И Р
Г Ы Х Я Р У У М Р Ш А Ч Ц Ч
Й Ю Н С Ж Е П И А Р К Ɵ Ш А
И А Г Д Ү И В О Х У Б Я У Г
Ч И Й Г Ш И Л Ъ О У С Ɵ Ш Я
```

СУВАГ	ЧИЙГ
ЧИЙГТЭЙ	БОРООНЫ
УУРШИЛТ	ДАЛАЙ
ҮЕР	БОРОО
ХЯРУУ	ГОЛ
ЧИЙГШИЛ	ШҮРШҮҮР
ХАР САЛХИ	ЦАС
МƟС	УУР
УСАЛГАА	ДОЛГИОН
НУУР	

92 - Activities

```
У У Р Ч А Д В А Р К Х Ъ Т С
С Р Ю К Т Ь Б Ю Ү Ы Ж О А О
Ф Н Л Д Ш Р Ү Р Ъ А С Е А Н
Ф Д А А У Ю Ж Ш Ь И Х П Ш И
С К Н Г Г К И М А Р Е К А Р
З У С Л А Н Г Г У И О Т А Х
Г А Ц Т Ө Ө Л Ө Ч Д Ё О Л О
О В Е Ч Л Ь Э Р Ү Ш Х Г С Л
Ц Ю С С Н А Х Н Р И З Л Ү К
Я Р Л Л И И Р Т Ө Д А О Л У
Р Д Ү Ь О Ъ Ы М С Ч Г О Ж Н
Г Э Р Э Л З У Р А Г А М М Ш
Я В Г А Н А Я Л А Л С Ж Э И
Т У Ө Г А Р У Р Л А Л Ү Л Х
```

УРЛАГ	СҮЛЖМЭЛ
ЗУСЛАН	ЧӨЛӨӨТ ЦАГ
КЕРАМИК	ИД ШИД
ГАР УРЛАЛ	ГЭРЭЛ ЗУРАГ
БҮЖИГЛЭХ	ТААШААЛ
ЗАГАС	УНШИХ
ТОГЛООМ	АМРАЛТ
ЯВГАН АЯЛАЛ	ОЁХ
АН	УР ЧАДВАР
СОНИРХОЛ	

93 - Business

```
А Х У Д А Л Д А Х А Т И С Ь
П Ж А Л Б А Н С У Ш А Р Г В
И Ц И Д Ч Ъ К Ү Т И Т Д А В
Н А Т Л И Ж А О Ч Г В Т С М
Л С Ю А О Ю Д О М В А Ө А Е
А Ө Л Д Г Л Я К Ь П Р Ф З Н
Р Ж А Р О О Г Ж Г С А Ө Н Е
Д В В А Л И Н О Б Ь Ү Н Й Ж
М Э Ю З Р Х А Х Г Ф Н К И Е
Я Ө Л У О Л П Т Ж Ч Р Ө Д Р
Х И Г Г К А Р Ь Е Р Т Ц Э Л
Ф К Х Г Ү Ц Ш Ш Т Ө С Ө В Ш
Б А Р А А Ү М Ө Н Г Ө А Т Р
С А Н Х Ү Ү Р Э В Д Л Й Ү Л
```

ТӨСӨВ	САНХҮҮ
КАРЬЕР	ОРЛОГО
КОМПАНИ	МЕНЕЖЕР
ЗАРДАЛ	БАРАА
ВАЛЮТ	МӨНГӨ
ХЯМДРАЛ	АЛБАН
ЭДИЙН ЗАСАГ	АШИГ
АЖИЛТАН	ХУДАЛДАХ
АЖИЛ ОЛГОГЧ	ДЭЛГҮҮР
ҮЙЛДВЭР	ТАТВАР

94 - Literature

```
Я  Х  Е  Ө  А  Х  С  З  О  Х  И  О  Г  Ч
Р  А  Е  Я  Н  Э  А  Ы  Б  Е  Х  Л  Ф
И  Р  Б  В  Я  Г  Е  В  Н  У  Д  Ю  Т  Л
А  Ь  Р  О  М  А  Н  К  М  А  Г  Ш  Л  О
Ы  Ц  Д  Э  Ю  Ъ  Б  С  Д  А  Л  Ц  Э  И
О  У  Ү  Э  Ь  Г  О  Л  Ь  О  Я  Ю  Н  Х
Д  У  Ө  Г  Ү  Ү  Л  Э  Г  Ч  Т  Г  Г  О
В  Л  Н  Л  Х  У  Л  Л  Э  Л  Р  Й  Ү  З
Ш  А  А  И  О  П  Ү  Ж  К  М  Р  П  Д  Н
Ү  Л  М  Ж  Л  Х  Э  М  Н  Э  Л  Ь  С  А
Л  Т  Т  Н  Б  Я  Ц  Ү  С  Ш  С  Б  Э  Р
Э  У  А  И  О  Я  Ө  Ү  Л  Я  Ш  Р  Д  У
Г  Г  Р  Ш  Ц  В  К  Ш  Ы  Е  Ч  Ы  Э  Н
Т  О  Д  О  Р  Х  О  Й  Л  О  Л  Т  В  В
```

ШИНЖИЛГЭЭ
АНЕКДОТ
ЗОХИОГЧ
НАМТАР
ХАРЬЦУУЛАЛТ
ДҮГНЭЛТ
ШҮҮМЖЛЭЛ
ТОДОРХОЙЛОЛТ
ЯРИА
УРАН ЗОХИОЛ

ЗҮЙРЛЭЛ
ӨГҮҮЛЭГЧ
РОМАН
САНАЛ
ШҮЛЭГ
ХОЛБОЦ
ХЭМНЭЛ
ХЭВ МАЯГ
СЭДЭВ

95 - Geography

```
Ө Ь Т Ү Б Т И В Ь Ф Ь П Н М
Ю Р Э Г Н Э Т Ж Е Х Л Б У Л
Ж Ы Г Д Э Л Х И Й Л С Ө Т У
Ж У С Ө Ф Ф С К Ъ Я А Й А Ъ
Х Н Г А Р У З Н Ы Р З А Г Т
Т Ч Ү Ь С Ө Ю Ы М Ч Ц Л Ъ А
Ө Н Д Ө Р К Г Я Л М П А И Р
П Ю Ф Т Я М Ш Г Ъ Е Ү Д О Х
Ө М Н Ө Д Й О Х Я Р Б Е Ү И
У Л С Е А Т Л А С И Г О Л Ү
Д Ю У Б Ү С Е А Ж Д Л Ш Н Ь
Ш Б Н У У Р А Б Р И Я Н Т С
У М Ь Х О Т Ө Ж Ж А Ъ В А Ы
Ь Ь С М Н Ъ Е Ц Я Н К Ф Ж О
```

ӨНДӨР	УУЛ
АТЛАС	ХОЙД
ХОТ	ДАЛАЙ
ТИВ	БҮС
УЛС	ГОЛ
ТАРХИ	ТЭНГЭР
АРАЛ	ӨМНӨД
ӨРГӨРӨГ	НУТАГ
ГАЗРЫН ЗУРАГ	БАРУУН
МЕРИДИАН	ДЭЛХИЙ

96 - Pets

```
Ф  Н  Л  Х  С  А  Р  В  У  У  Ү  Я  Л  Ю
М  У  Ү  Р  У  Ъ  Й  О  Т  Р  О  С  О  О
Р  А  Г  А  З  Л  У  З  Б  Х  Ь  Т  О  Т
И  А  Л  Т  Д  Ү  Г  С  Г  Ѳ  Т  М  Х  С
Ь  М  В  Ы  Ѳ  Н  С  А  Ү  Ц  У  Э  Ж  П
Ү  Я  Н  Х  Н  Ф  Ш  В  Н  К  У  Л  Ү  Р
С  Р  Ч  К  С  Э  Е  С  Х  А  Л  Х  У  С
А  Ү  В  Ч  Ф  Ѳ  М  Д  В  Ю  А  И  У  Ү
Г  Е  Ү  М  У  У  Р  Ч  Г  С  Й  Й  Д  Х
А  Г  Ү  Л  Г  Ѳ  Л  Ѳ  Г  О  Д  О  Д  Э
З  Ю  З  Я  П  Х  Ъ  Ж  Ъ  В  Р  Х  Ы  Р
Б  Ъ  Ү  Ф  Ш  М  Ү  Б  М  С  Я  О  М  К
Й  Э  Х  Ү  Ү  Ш  И  Ш  Ь  Б  Ъ  Н  Ш  П
Н  Я  Ү  Б  Д  Г  Ү  Р  В  Э  Л  С  В  Б
```

МУУР	ГҮРВЭЛ
ХҮЗҮҮВЧ	ХУЛГАНА
ҮХЭР	ТОТЬ
НОХОЙ	САРВУУ
ЗАГАС	ГѲЛѲГ
ХООЛ	ТУУЛАЙ
ЯМАА	СҮҮЛ
ШИШҮҮХЭЙ	ЯСТ МЭЛХИЙ
ЗУЛЗАГА	МАЛЫН ЭМЧ
ООСОРТОЙ	УС

97 - Jazz

```
Г О М О Ц Ѳ В Н Т С Ю М У С
А Э Н И Ш Ж А А Ц Ѳ Ү П У А
В В Ю Ц Н С П Й А Т Р У Д Л
П Г Ь И Л С А Р З Р Ѳ Ѳ В Д
О Е Г Я С О Ы А И Е Б Х Л А
Ү Ж И Е А Ш Х Л В Ц М Э Ж Р
Ь Н Ш Ц Ж С Ү Х О Н Ѳ М М Т
Х Ѳ Г Ж И М И Ѳ Р О Б Н Н А
З У Р А А Ч Ж Г П К Х Э Ѳ Й
Л Ф Ѳ Ю П Ю Х Ж М Ш У Л Ф Ѳ
Г Ч Г Н Л Ч Т И И С У Ъ Ю Ч
Х Э В М А Я Г М И О Ч Ж Ъ Х
А Л Г А Т А Ш И Л Т И Е Ь И
Б Ү Т Э Ц Ѳ Ж Ш К И Н Х Е Т
```

ЦОМОГ	ИМПРОВИЗАЦ
АЛГА ТАШИЛТ	ХѲГЖИМ
ЗУРААЧ	ШИНЭ
БҮТЭЦ	ХУУЧИН
КОНЦЕРТ	НАЙРАЛ ХѲГЖИМ
БѲМБѲР	ХЭМНЭЛ
ОНЦЛОХ	ДУУ
АЛДАРТАЙ	ХЭВ МАЯГ
ДУРТАЙ	АВЬЯАС
ТѲРѲЛ	ТЕХНИК

98 - Nature

```
Ж Х А Д А Н А Н А М Ц Ш Г А
Д Б К Д И Н А М И К Я Б О Р
А М И Н Ч У Х А Л О Г Д О И
Т М Т К Ы Ч Ы Ъ П Ө Л Т С У
Ь М К Н Н Т В И Ө Я Ц Ц А Н
М Б Р У Р Ъ А З Ө Г И Й Й Г
А П А Б О Х Г Й О Н Ш К Х А
М Ө С Ө Н Г О Л В М О Ж А З
С Ф Л Р У К Б Э Ф А П Й Н А
П П Ү Т У Б Ф Д Г Д Н Ш Н Р
Х П Ү К Л Н У Г О И Н Ц Х Ө
Ү С С Ш А Р А Э В Т А П Н Ц
Ы К Ч Ы Х Ч В Л О Ө В Т Л С
Ө М Л Р Х Л Г Э Ц А Ч Н П Я
```

АМЬТАД	МАНАН
АРКТИК	НАВЧ
ГОО САЙХАН	ОЙН
ЗӨГИЙ	МӨСӨН ГОЛ
ХАДАН	ГОЛ
ҮҮЛС	АРИУН ГАЗАР
ЦӨЛ	ТАЙВАН
ДИНАМИК	ХАЛУУН ОРНЫ
ЭЛЭГДЭЛ	АМИН ЧУХАЛ

99 - Vacation #2

```
Т Ж Ч В Г Э Р Э Т Т Л А Г Ш
А В А И А Ч А Э Я Е В Н Б У
К У Р У З И В Я Г Ц К А А З
С С А Ъ Р О Л Х Л Н К Р Я О
И Г Л Ф Ы Ч И Ш Г А Э О Р Ч
М А Ш Л Н И Г К О Я Л Т Ы И
Ы Д О Б З Х Ц У Ь Р Т С Н Д
Н А Л С У З К Р Ш Д И Е А Б
У А Ы Л Р Э В Э Э Т У Р Х У
Ъ Д И У А П А С П О Р Т Й У
Ь Ц Д У Г М Е П Ъ Ы Б Р А Д
Г А Д А А Д Х Ү Н Ф А Х М А
К Ь Ү Д А Л А Й Н Э Р Э Г Л
Ч Ө Л Ө Ө Т Ц А Г Е Ч Ш Ү А
```

ДАЛАЙН ЭРЭГ	ГАЗРЫН ЗУРАГ
ЗУСЛАН	УУЛС
ОЧИХ	ПАСПОРТ
ГАДААД	РЕСТОРАН
ГАДААД ХҮН	ТЭНГЭР
БАЯРЫН	ТАКСИ
ЗОЧИД БУУДАЛ	МАЙХАН
АРАЛ	ГАЛТ ТЭРЭГ
АЯЛАЛ	ТЭЭВЭР
ЧӨЛӨӨТ ЦАГ	ВИЗ

100 - Electricity

```
У  Т  Ц  Ө  Б  Х  М  Л  Ш  Ъ  З  Х  Г  К
Т  О  Х  А  Л  А  Г  Д  А  Х  А  З  Е  А
А  О  О  Т  Х  Ү  В  Х  Я  З  Й  Н  Н  Б
С  Х  Ж  Е  У  И  Е  М  Г  Б  Е  О  Е  Е
М  Э  Н  Л  Р  Г  Л  Д  Ү  А  Ю  Р  Р  Л
Л  М  С  Е  А  Э  Ү  Г  Ө  В  М  О  А  Ь
И  Ж  Ц  В  Т  Р  Ч  Я  А  И  Ш  С  Т  Ж
Ү  Э  Ы  И  Э  Э  К  Х  И  А  Ъ  К  О  М
С  Э  Ф  З  Е  Л  А  А  Б  Ш  Н  М  Р  А
Ю  Ө  М  М  Р  О  Б  Ъ  Е  К  Т  Х  Д  Ө
М  О  Р  Н  Э  Э  Ж  Л  Ү  С  Ъ  А  Б  Т
Ч  В  Ь  Ө  Г  С  О  К  Е  Т  Л  В  Н  Н
Т  Б  О  П  Г  Ъ  Ө  Ф  У  П  В  У  Я  Д
Т  Ц  С  Г  Ч  И  Й  Д  Э  Н  Г  И  Й  Н
```

ЗАЙ	СҮЛЖЭЭ
ЧИЙДЭНГИЙН	ОБЪЕКТ
КАБЕЛЬ	ЭЕРЭГ
ЦАХИЛГААН	ТОО ХЭМЖЭЭ
ГЕНЕРАТОР	СОКЕТ
ГЭРЭЛ	ХАДГАЛАХ
ЛАЗЕР	УТАС
СОРОНЗ	ТЕЛЕВИЗ
СӨРӨГ	

1 - Antiques

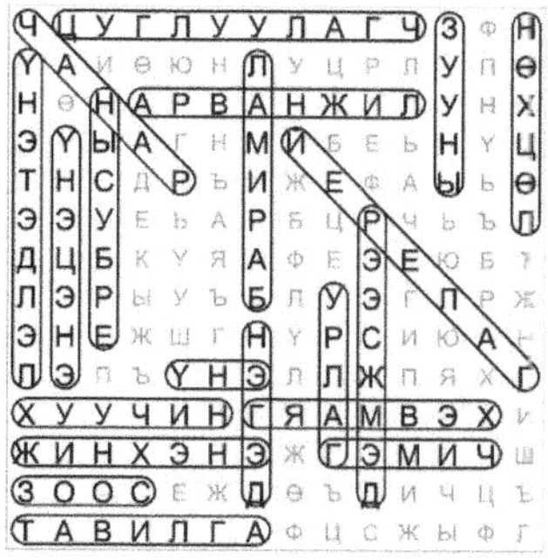

2 - Food #1

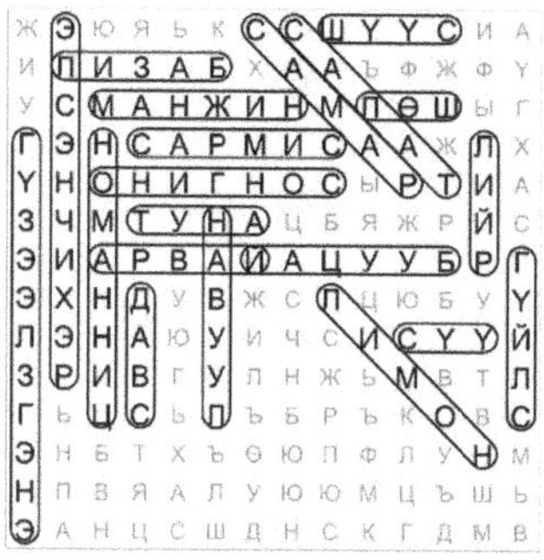

3 - Exploration

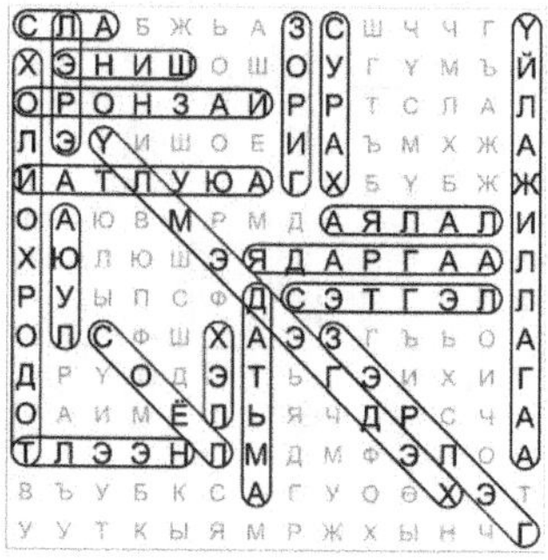

4 - Measurements

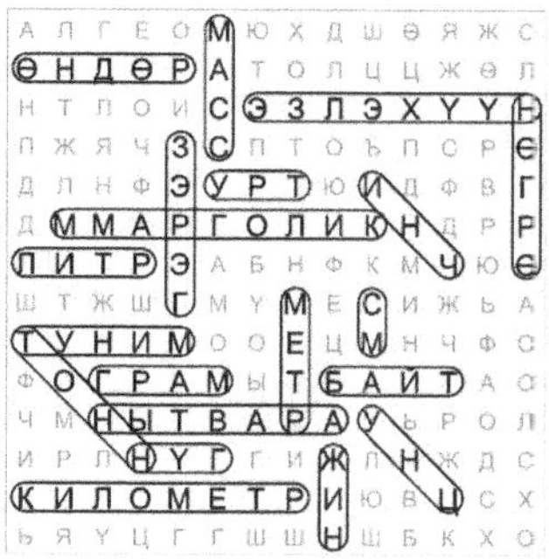

5 - Farm #2

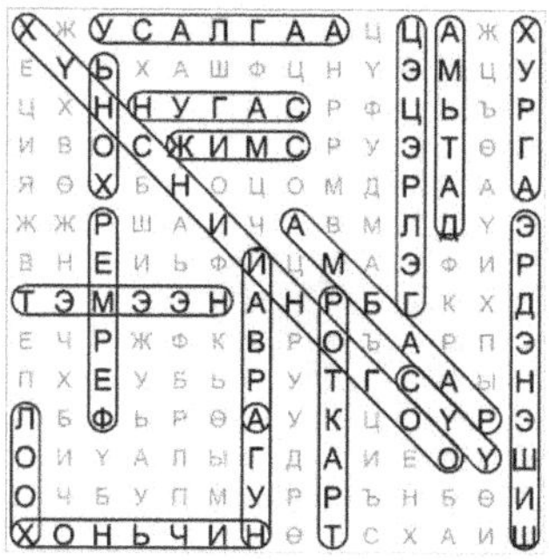

6 - Books

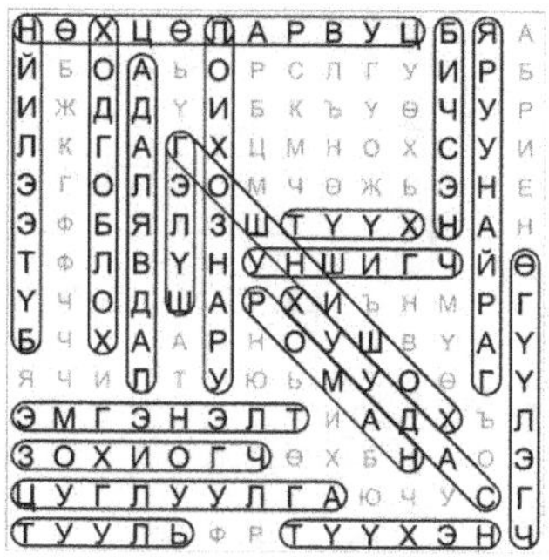

7 - Meditation

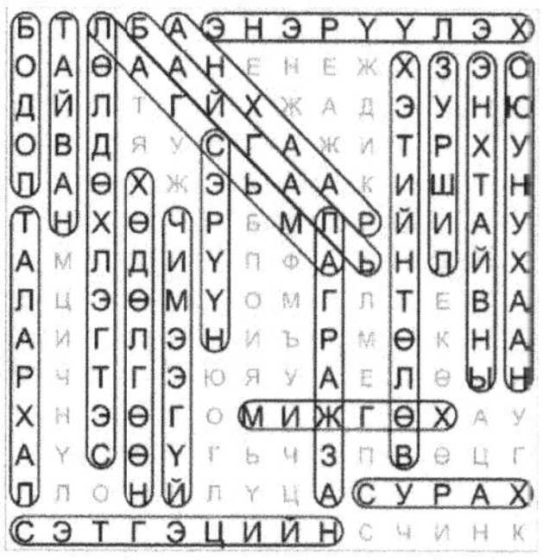

8 - Energy

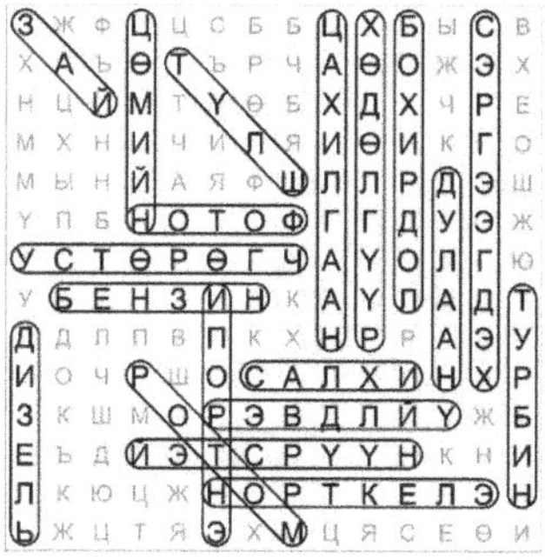

9 - Chess

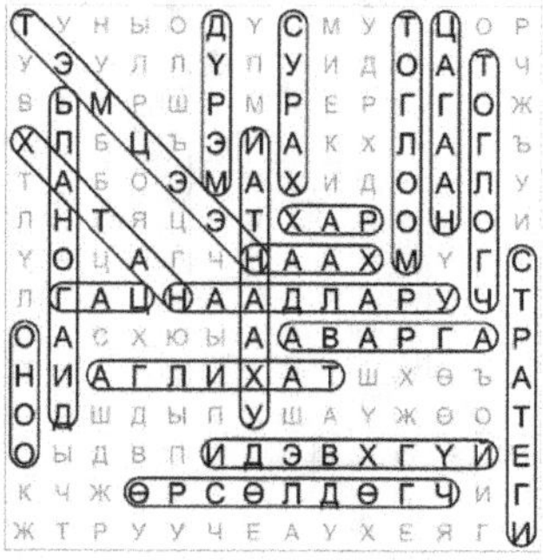

10 - Archeology

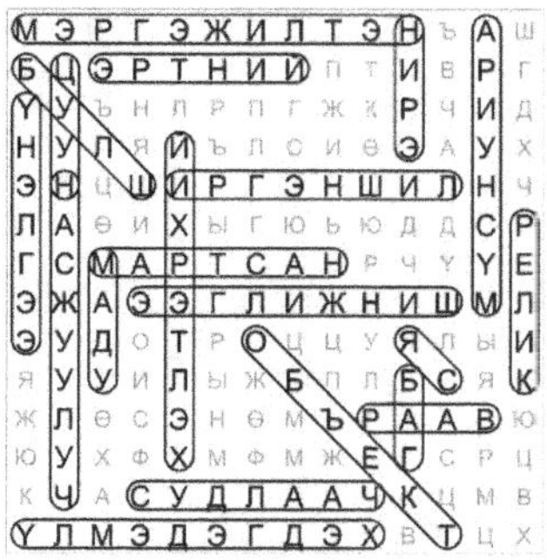

11 - Food #2

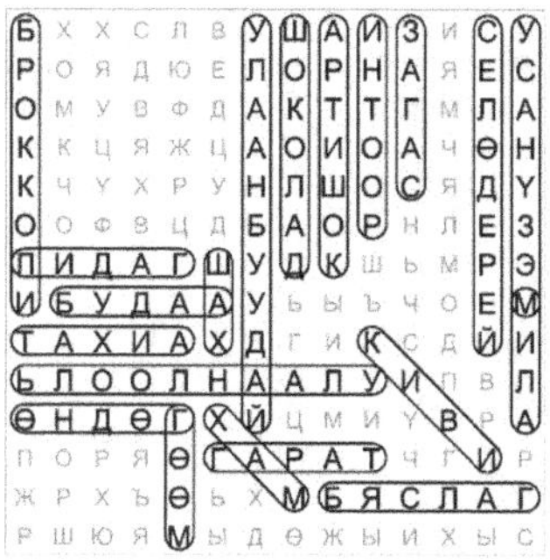

12 - Chemistry

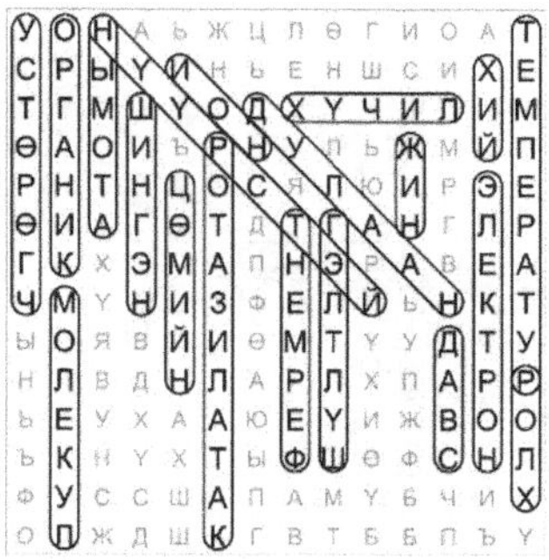

13 - Music

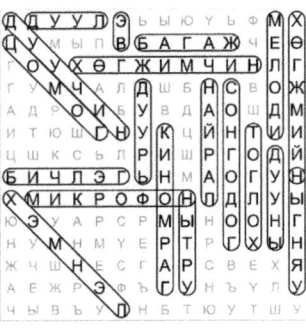

14 - Family

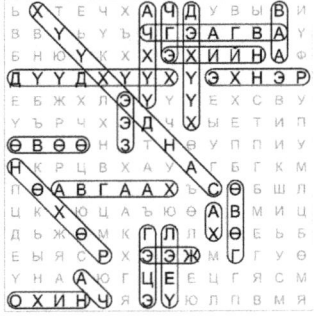

15 - Farm #1

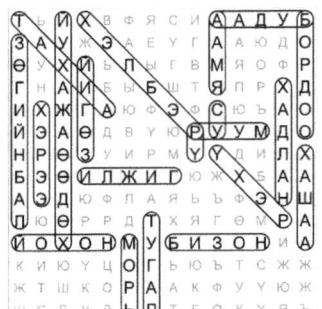

16 - Camping

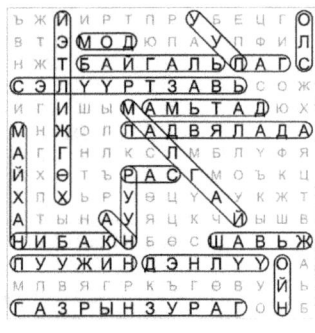

17 - Cats

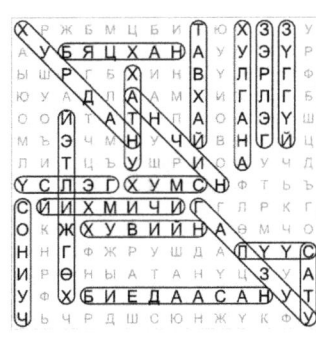

18 - Algebra

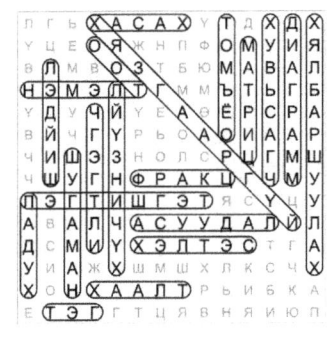

19 - Numbers

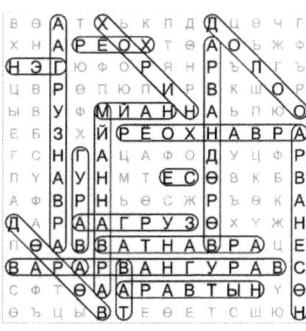

20 - Spices

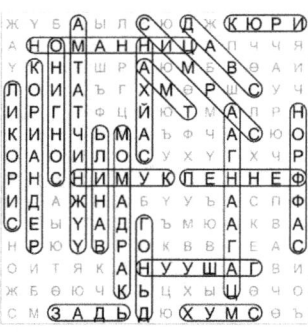

21 - Universe

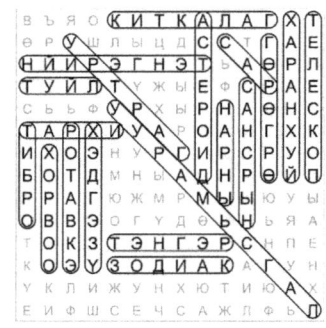

22 - Mammals

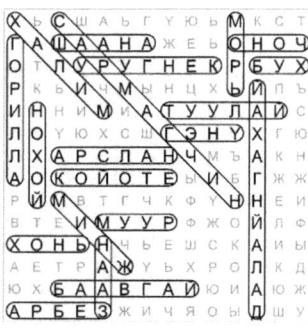

23 - Photography

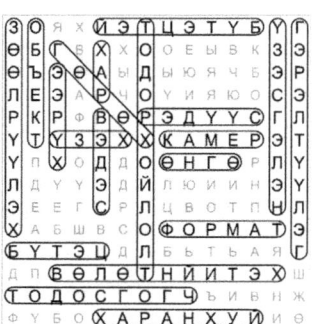

24 - Weather

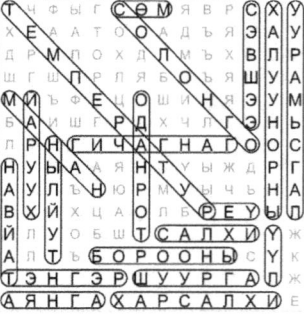

25 - Sport

26 - Circus

27 - Restaurant #2

28 - Geology

29 - House

30 - Physics

31 - Coffee

32 - Shapes

33 - Scientific Disciplines

34 - Science

35 - Beauty

36 - To Fill

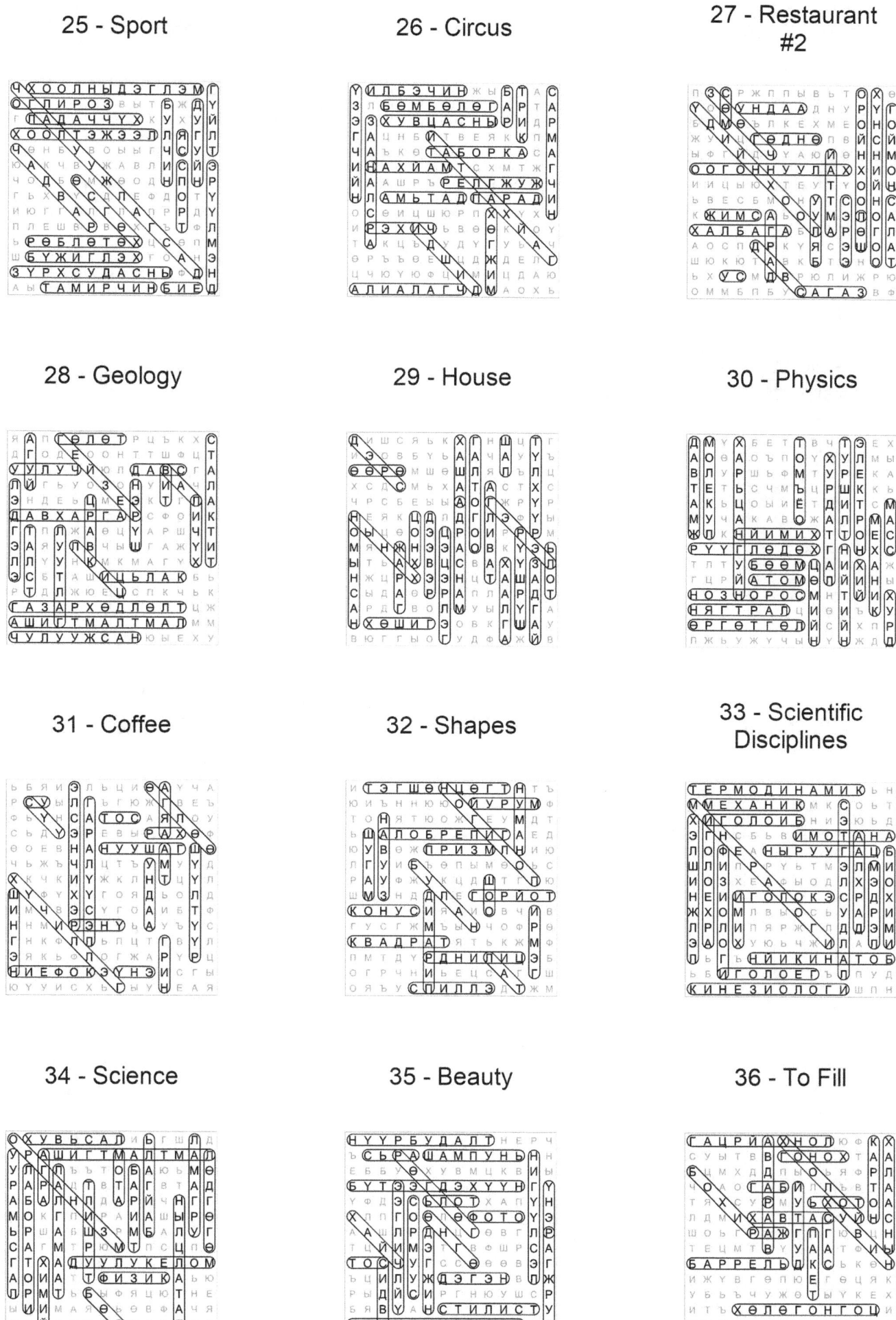

37 - Clothes

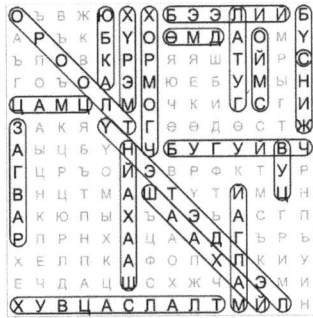

38 - Ethics

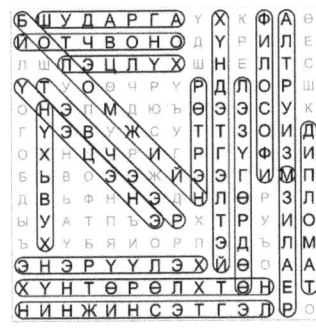

39 - Astronomy

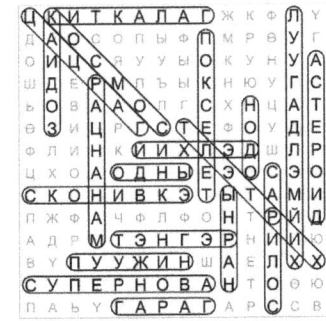

40 - Health and Wellness #2

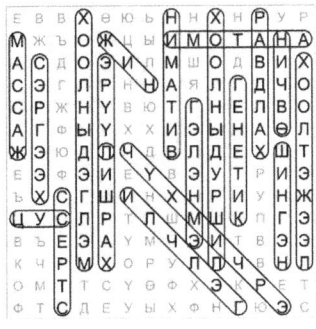

41 - Time

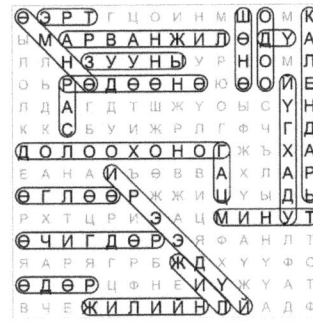

42 - Buildings

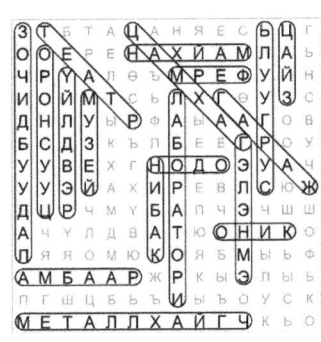

43 - Philanthropy

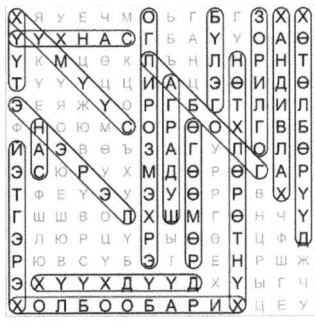

44 - Gardening

45 - Herbalism

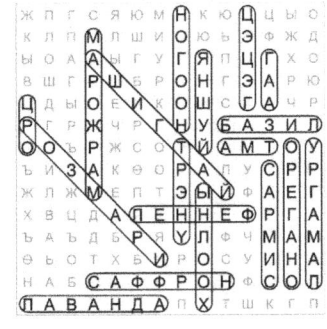

46 - Vehicles

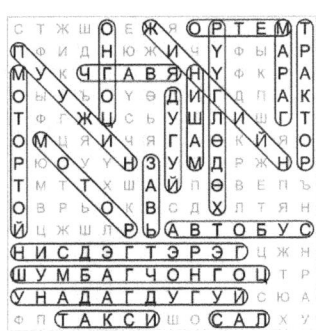

47 - Flowers

48 - Health and Wellness #1

49 - Town

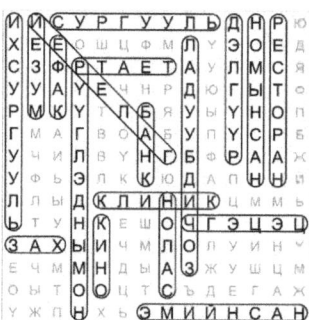

50 - Antarctica

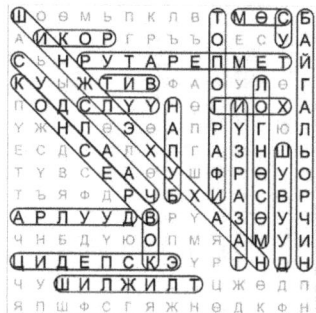

51 - Ballet

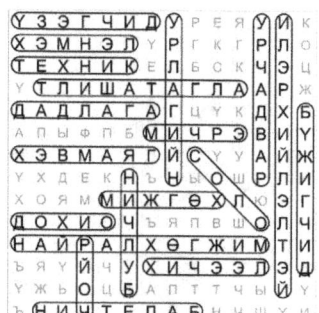

52 - Fashion

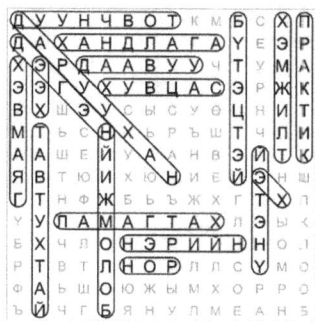

53 - Human Body

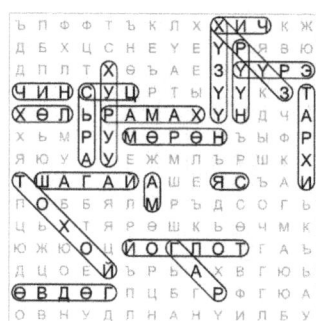

54 - Fruit

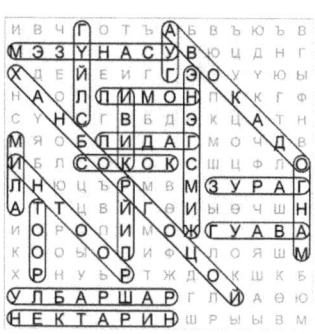

55 - Virtues #1

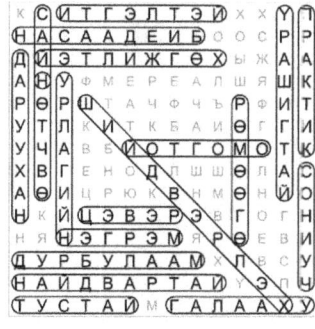

56 - Engineering

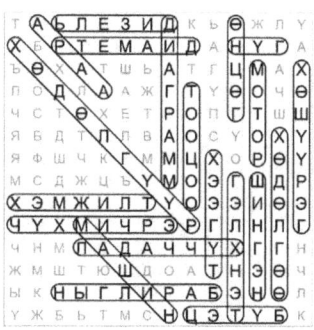

57 - Kitchen

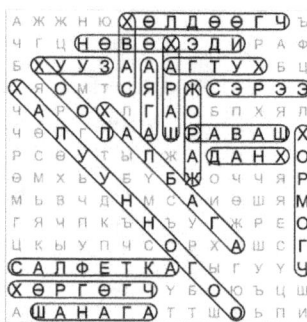

58 - Government

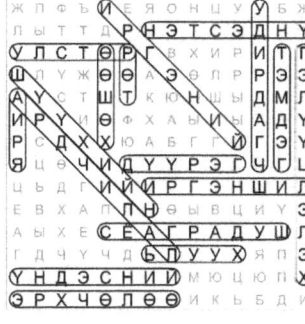

59 - Art Supplies

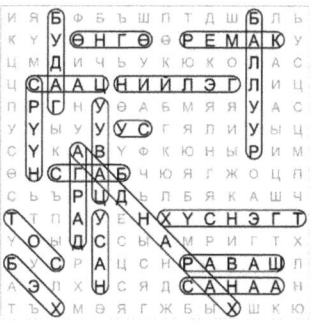

60 - Science Fiction

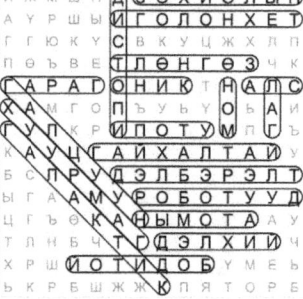

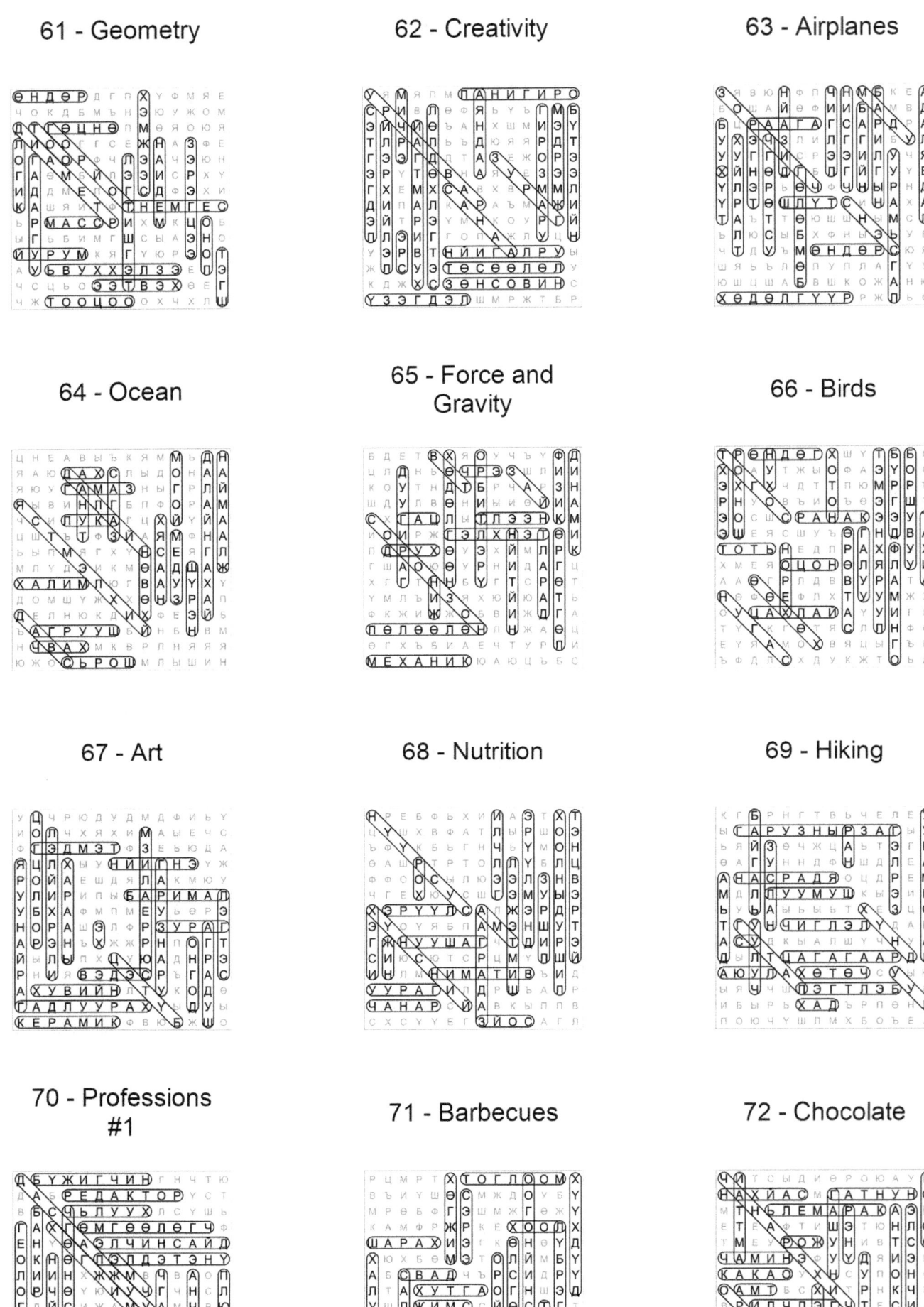

61 - Geometry

62 - Creativity

63 - Airplanes

64 - Ocean

65 - Force and Gravity

66 - Birds

67 - Art

68 - Nutrition

69 - Hiking

70 - Professions #1

71 - Barbecues

72 - Chocolate

73 - Vegetables

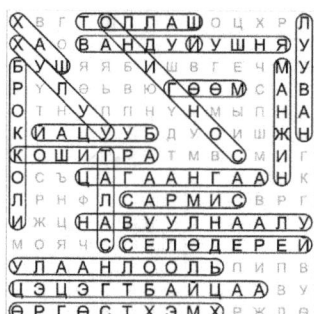

74 - The Media

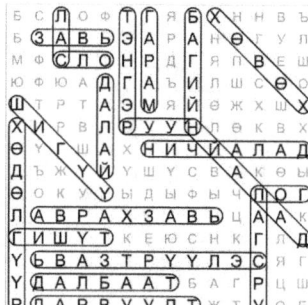

75 - Boats

76 - Activities and Leisure

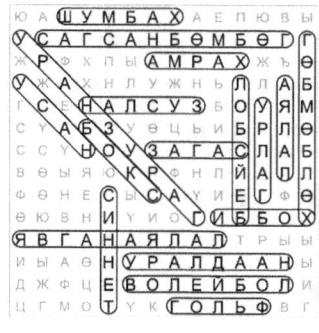

77 - Driving

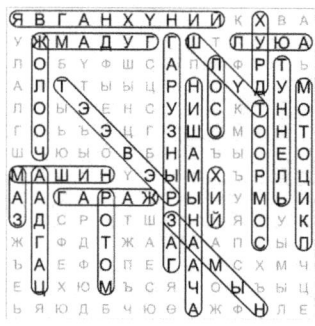

78 - Professions #2

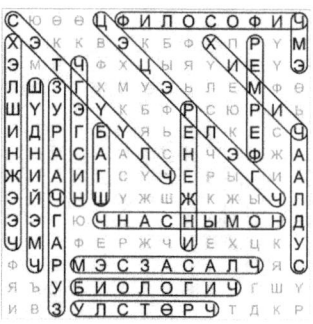

79 - Mythology

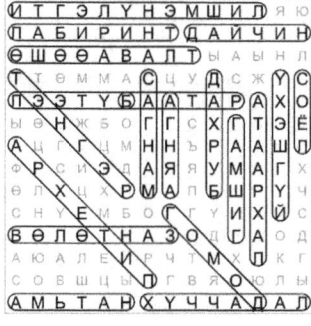

80 - Hair Types

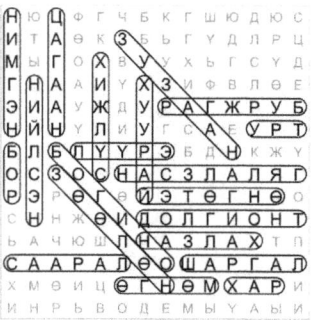

81 - Diplomacy

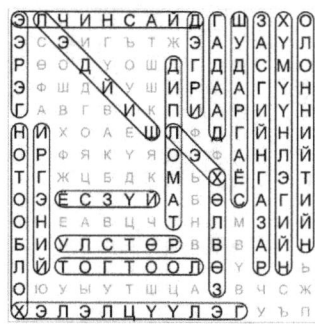

82 - Countries #1

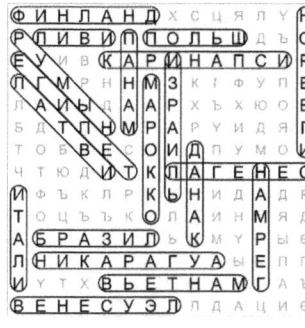

83 - Adjectives #1

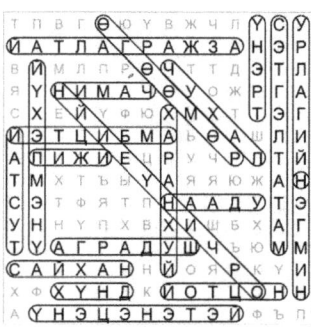

84 - Landscapes

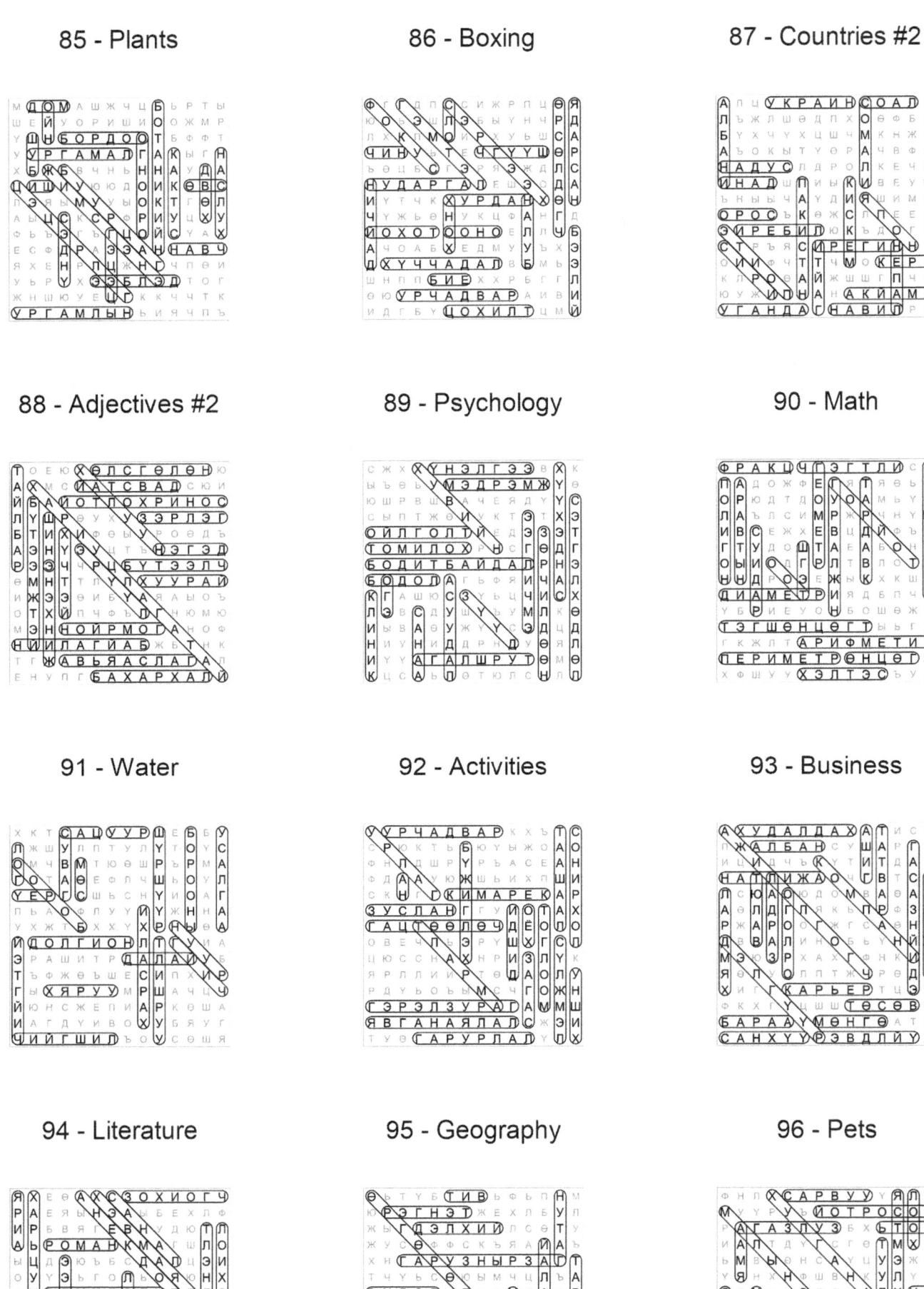

85 - Plants

86 - Boxing

87 - Countries #2

88 - Adjectives #2

89 - Psychology

90 - Math

91 - Water

92 - Activities

93 - Business

94 - Literature

95 - Geography

96 - Pets

97 - Jazz

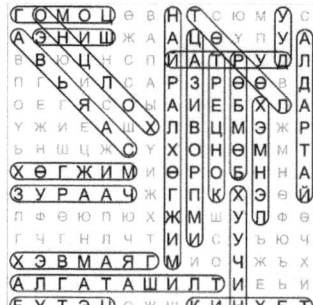

98 - Nature

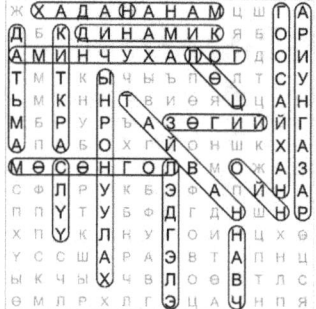

99 - Vacation #2

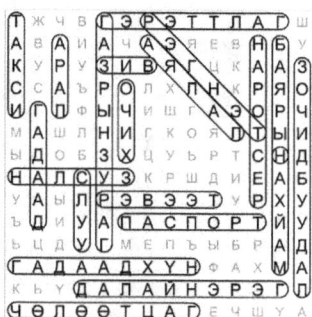

100 - Electricity

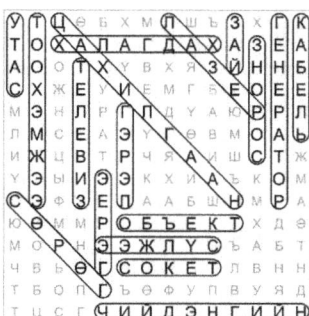

Dictionary

Activities
Үйл Ажиллагаа

Activity	Үйл Ажиллагаа
Art	Урлаг
Camping	Зуслан
Ceramics	Керамик
Crafts	Гар Урлал
Dancing	Бүжиглэх
Fishing	Загас
Games	Тоглоом
Hiking	Явган Аялал
Hunting	Ан
Interests	Сонирхол
Knitting	Сүлжмэл
Leisure	Чөлөөт Цаг
Magic	Ид Шид
Photography	Гэрэл Зураг
Pleasure	Таашаал
Reading	Унших
Relaxation	Амралт
Sewing	Оёх
Skill	Ур Чадвар

Activities and Leisure
Үйл Ажиллагаа, Чөлөөт Цаг

Art	Урлаг
Baseball	Бейсбол
Basketball	Сагсан Бөмбөг
Boxing	Бокс
Camping	Зуслан
Diving	Шумбах
Fishing	Загас
Golf	Гольф
Hiking	Явган Аялал
Hobbies	Хобби
Painting	Уран Зураг
Racing	Уралдаан
Relaxing	Амрах
Soccer	Хөл Бөмбөг
Swimming	Усан
Tennis	Теннис
Travel	Аялал
Volleyball	Волейбол

Adjectives #1
Тэмдэг нэр #1

Absolute	Үнэмлэхүй
Ambitious	Амбицтэй
Aromatic	Үнэрт
Artistic	Урлагийн
Attractive	Сэтгэл Татам
Beautiful	Сайхан
Dark	Харанхуй
Exotic	Чамин
Generous	Өгөөмөр
Happy	Аз Жаргалтай
Heavy	Хүнд
Helpful	Тустай
Honest	Шударга
Identical	Ижил
Important	Чухал
Modern	Орчин Үеийн
Serious	Ноцтой
Slow	Удаан
Thin	Нимгэн
Valuable	Үнэ Цэнэтэй

Adjectives #2
Тэмдэг нэр #2

Authentic	Жинхэнэ
Creative	Бүтээлч
Descriptive	Тайлбар
Dry	Хуурай
Elegant	Дэгэн
Famous	Алдартай
Gifted	Авьяаслаг
Healthy	Эрүүл
Hot	Халуун
Hungry	Өлсгөлөн
Interesting	Сонирхолтой
Natural	Байгалийн
New	Шинэ
Productive	Бүтээмжтэй
Proud	Бахархал
Responsible	Хариуцлагатай
Salty	Давстай
Sleepy	Нойрмог
Strong	Хүчтэй
Wild	Зэрлэг

Airplanes
Онгоц

Adventure	Адал Явдал
Air	Агаар
Atmosphere	Уур Амьсгал
Balloon	Бөмбөлөг
Construction	Барилгын
Crew	Багийн
Descent	Удам
Design	Дизайн
Direction	Чиглэл
Engine	Хөдөлгүүр
Fuel	Түлш
Height	Өндөр
History	Түүх
Hydrogen	Устөрөгч
Landing	Буух
Passenger	Зорчигч
Pilot	Нисгэгч
Propellers	Сэнс
Sky	Тэнгэр
Turbulence	Хуйлралт

Algebra
Алгебр

Addition	Нэмэлт
Diagram	Диаграмм
Division	Хэлтэс
Equation	Тэгшитгэл
Exponent	Илтгэгч
Factor	Хүчин Зүйл
False	Худал
Formula	Томъёо
Fraction	Фракц
Infinite	Хязгааргүй
Linear	Шугаман
Matrix	Матриц
Number	Тоо
Parenthesis	Хаалт
Problem	Асуудал
Simplify	Хялбаршуулах
Solution	Шийдэл
Subtraction	Хасах
Variable	Хувьсагч
Zero	Тэг

Antarctica
Антарктидын

Bay	Булан
Birds	Шувууд
Clouds	Үүлс
Conservation	Консерв
Continent	Тив
Cove	Ков
Environment	Байгаль Орчин
Expedition	Экспедиц
Geography	Газарзүй
Glaciers	Мөсөн Гол
Ice	Мөс
Islands	Арлууд
Migration	Шилжилт
Peninsula	Хойг
Researcher	Судлаач
Rocky	Роки
Scientific	Шинжлэх Ухаан
Temperature	Температур
Topography	Топографи
Water	Ус

Antiques
Эртний Эдлэл

Art	Урлаг
Authentic	Жинхэнэ
Century	Зууны
Coins	Зоос
Collector	Цуглуулагч
Condition	Нөхцөл
Decades	Арван Жил
Decorative	Чимэг
Elegant	Дэгэн
Enthusiast	Дэмжсээр
Furniture	Тавилга
Gallery	Галерей
Jewelry	Үнэт Эдлэл
Old	Хуучин
Price	Үнэ
Quality	Чанар
Sculpture	Баримал
Style	Хэв Маяг
Unusual	Ер Бусын
Value	Үнэ Цэнэ

Archeology
Археологи

Analysis	Шинжилгээ
Antiquity	Эртний
Bones	Яс
Civilization	Иргэншил
Descendant	Удам
Era	Эрин
Evaluation	Үнэлгээ
Expert	Мэргэжилтэн
Forgotten	Мартсан
Fossil	Чулуужсан
Fragments	Хэлтэрхий
Mystery	Нууц
Objects	Объект
Pottery	Ваар
Relic	Релик
Researcher	Судлаач
Team	Баг
Temple	Ариун Сүм
Tomb	Булш
Unknown	Үл Мэдэгдэх

Art
Урлаг

Ceramic	Керамик
Complex	Цогцолбор
Composition	Бүтэц
Expression	Илэрхийлэл
Figure	Зураг
Honest	Шударга
Inspired	Онгод
Mood	Сэтгэл
Original	Эх
Paintings	Уран Зураг
Personal	Хувийн
Poetry	Яруу Найраг
Portray	Харуулдаг
Sculpture	Баримал
Simple	Энгийн
Subject	Сэдэв
Surrealism	Сюрреализм
Symbol	Тэмдэг
Visual	Харааны

Art Supplies
Урлагийн Хангамж

Acrylic	Нийлэг
Brushes	Багс
Camera	Камер
Chair	Дарга
Charcoal	Нүүрс
Clay	Шавар
Colors	Өнгө
Eraser	Баллуур
Glue	Цавуу
Ideas	Санаа
Ink	Бэх
Oil	Тос
Paints	Будаг
Paper	Цаас
Pencils	Харандаа
Table	Хүснэгт
Water	Ус
Watercolors	Усан

Astronomy
Одон Орон Судлал

Asteroid	Астероид
Constellation	Одны
Cosmos	Космос
Earth	Дэлхий
Eclipse	Хиртэлт
Equinox	Эквинокс
Galaxy	Галактик
Meteor	Солир
Moon	Сар
Nebula	Мананцар
Observatory	Одон
Planet	Гараг
Radiation	Цацраг
Rocket	Пуужин
Satellite	Хиймэл Дагуул
Sky	Тэнгэр
Solar	Нарны
Supernova	Супернова
Telescope	Телескоп
Zodiac	Зодиак

Ballet
Балет

Applause	Алга Ташилт
Artistic	Урлагийн
Audience	Үзэгчид
Ballerina	Балетчин
Choreography	Чойр
Dancers	Бүжигчид
Expressive	Илэрхийлэлтэй
Gesture	Дохио
Intensity	Эрчим
Lessons	Хичээл
Muscles	Булчин
Music	Хөгжим
Orchestra	Найрал Хөгжим
Practice	Дадлага
Rhythm	Хэмнэл
Skill	Ур Чадвар
Solo	Соло
Style	Хэв Маяг
Technique	Техник

Barbecues
Мах Шарагч

Chicken	Тахиа
Children	Хүүхдүүд
Dinner	Оройн Хоол
Family	Гэр Бүл
Food	Хоол
Forks	Сэрээ
Friends	Найзууд
Fruit	Жимс
Games	Тоглоом
Grill	Шарах
Hot	Халуун
Hunger	Өлсгөлөн
Knives	Хутга
Music	Хөгжим
Salads	Салад
Salt	Давс
Sauce	Сойз
Summer	Зун
Tomatoes	Улаан Лооль
Vegetables	Хүнсний Ногоо

Beauty
Гоо Сайхны

Charm	Увдис
Color	Өнгө
Curls	Буржгар
Elegance	Дэгжин
Elegant	Дэгэн
Fragrance	Үнэр
Grace	Нигүүлсэл
Lipstick	Уруулын Будаг
Makeup	Нүүр Будалт
Mascara	Сормуус
Mirror	Толь
Oils	Тос
Photogenic	Фото
Products	Бүтээгдэхүүн
Scissors	Хайч
Services	Үйлчилгээ
Shampoo	Шампунь
Skin	Арьс
Smooth	Гөлгөр
Stylist	Стилист

Birds
Шувууд

Canary	Канар
Chicken	Тахиа
Crow	Хэрээ
Cuckoo	Хөхөө
Duck	Нугас
Eagle	Бүргэд
Egg	Өндөг
Flamingo	Фламинго
Goose	Галуу
Gull	Цахлай
Hawk	Шонхор
Heron	Херон
Ostrich	Тэмээн Хяруул
Parrot	Тоть
Peacock	Тогос
Pelican	Хотон
Penguin	Оцон
Sparrow	Бор Шувуу
Stork	Өрөвтас
Swan	Хун

Boats
Завь

Anchor	Түшиг
Buoy	Хөвөх
Canoe	Сэлүүрт Завь
Crew	Багийн
Engine	Хөдөлгүүр
Ferry	Гарам
Kayak	Завь
Lake	Нуур
Lifeboat	Аврах Завь
Mast	Шигүү
Nautical	Далайн
Ocean	Далай
Raft	Сал
River	Гол
Rope	Олс
Sailboat	Далбаат
Sailor	Далайчин
Sea	Тэнгэр
Tide	Урсгал
Yacht	Дарвуулт

Books
Ном

Adventure	Адал Явдал
Author	Зохиогч
Collection	Цуглуулга
Context	Нөхцөл
Epic	Тууль
Historical	Түүхэн
Humorous	Хошин Шог
Inventive	Бүтээлийн
Literary	Уран Зохиол
Narrator	Өгүүлэгч
Novel	Роман
Page	Хуудас
Poem	Шүлэг
Poetry	Яруу Найраг
Reader	Уншигч
Relevant	Холбогдох
Series	Цуврал
Story	Түүх
Tragic	Эмгэнэлт
Written	Бичсэн

Boxing
Боксын

Bell	Хонх
Body	Бие
Chin	Чин
Corner	Булан
Elbow	Тохой
Exhausted	Ядарсан
Fighter	Дайчин
Fist	Нударга
Focus	Фокус
Gloves	Бээлий
Injuries	Гэмтэл
Kick	Цохилт
Opponent	Өрсөлдөгч
Points	Оноо
Quick	Хурдан
Recovery	Сэргээх
Referee	Шүүгч
Ropes	Олс
Skill	Ур Чадвар
Strength	Хүч Чадал

Buildings
Барилга

Apartment	Орон Сууц
Barn	Амбаар
Cabin	Кабин
Castle	Цайз
Cinema	Кино
Factory	Үйлдвэр
Farm	Ферм
Garage	Гараж
Hospital	Эмнэлэг
Hostel	Металл Хайгч
Hotel	Зочид Буудал
Laboratory	Лаборатори
Museum	Музей
Observatory	Одон
School	Сургууль
Supermarket	Супермаркет
Tent	Майхан
Theater	Театр
Tower	Цамхаг
University	Их Сургууль

Business
Бизнес

Budget	Төсөв
Career	Карьер
Company	Компани
Cost	Зардал
Currency	Валют
Discount	Хямдрал
Economics	Эдийн Засаг
Employee	Ажилтан
Employer	Ажил Олгогч
Factory	Үйлдвэр
Finance	Санхүү
Income	Орлого
Manager	Менежер
Merchandise	Бараа
Money	Мөнгө
Office	Албан
Profit	Ашиг
Sale	Худалдах
Shop	Дэлгүүр
Taxes	Татвар

Camping
Зуслан

Adventure	Адал Явдал
Animals	Амьтад
Cabin	Кабин
Canoe	Сэлүүрт Завь
Compass	Луужин
Fire	Гал
Forest	Ойн
Fun	Хөгжилтэй
Hat	Малгай
Hunting	Ан
Insect	Шавьж
Lake	Нуур
Lantern	Дэнлүү
Map	Газрын Зураг
Moon	Сар
Mountain	Уул
Nature	Байгаль
Rope	Олс
Tent	Майхан
Trees	Мод

Cats
Муур

Claw	Хумс
Crazy	Галзуу
Curious	Сониуч
Fast	Хурдан
Funny	Хөгжилтэй
Fur	Үслэг
Hunter	Анчин
Independent	Бие Даасан
Little	Бяцхан
Mouse	Хулгана
Paw	Тавхай
Personality	Хувийн
Playful	Зүггүй
Shy	Ичимхий
Sleep	Унтах
Tail	Сүүл
Wild	Зэрлэг
Yarn	Утас

Chemistry
Хими

Acid	Хүчил
Alkaline	Шүлтлэг
Atomic	Атомын
Carbon	Нүүрстэй
Catalyst	Катализатор
Chlorine	Хлор
Electron	Электрон
Enzyme	Фермент
Gas	Хий
Heat	Дулаан
Hydrogen	Устөрөгч
Ion	Ион
Liquid	Шингэн
Molecule	Молекул
Nuclear	Цөмийн
Organic	Органик
Oxygen	Хүчилтөрөгч
Salt	Давс
Temperature	Температур
Weight	Жин

Chess
Шатрын

Black	Хар
Champion	Аварга
Clever	Ухаантай
Contest	Уралдаан
Diagonal	Диагональ
Game	Тоглоом
King	Хаан
Opponent	Өрсөлдөгч
Passive	Идэвхгүй
Player	Тоглогч
Points	Оноо
Queen	Хатан
Rules	Дүрэм
Sacrifice	Тахилга
Strategy	Стратеги
Time	Цаг
To Learn	Сурах
Tournament	Тэмцээн
White	Цагаан

Chocolate
Шоколад

Antioxidant	Антиоксидант
Aroma	Үнэр
Bitter	Гашуун
Cacao	Какао
Calories	Илчлэг
Candy	Чихэр
Caramel	Карамель
Coconut	Кокос
Delicious	Амттай
Exotic	Чамин
Favorite	Дуртай
Ingredient	Орц
Powder	Нунтаг
Quality	Чанар
Recipe	Жор
Sugar	Элсэн Чихэр
Sweet	Сайхан
Taste	Амт
To Eat	Идэх

Circus
Циркийн

Acrobat	Акробат
Animals	Амьтад
Balloons	Бөмбөлөг
Candy	Чихэр
Clown	Алиалагч
Costume	Хувцасны
Elephant	Заан
Entertain	Зугаацуулах
Juggler	Жужглер
Lion	Арслан
Magic	Ид Шид
Magician	Илбэчин
Monkey	Сармагчин
Music	Хөгжим
Parade	Парад
Spectacular	Гайхалтай
Spectator	Үзэгчийн
Tent	Майхан
Tiger	Бар
Trick	Трик

Clothes
Хувцас

Apron	Хормогч
Belt	Бүс
Bracelet	Бугуйвч
Coat	Цув
Dress	Хувцаслалт
Fashion	Загвар
Gloves	Бээлий
Hat	Малгай
Jacket	Хүрэм
Jeans	Жинс
Jewelry	Үнэт Эдлэл
Pants	Өмд
Sandals	Шаахайн
Scarf	Ороолт
Shirt	Цамц
Shoe	Гутал
Skirt	Юбка
Slippers	Шаахай
Socks	Оймс
Sweater	Цамц

Coffee
Кофе

Acidic	Хүчиллэг
Aroma	Үнэр
Beverage	Ундаа
Bitter	Гашуун
Black	Хар
Caffeine	Кофеин
Cream	Тос
Cup	Аяга
Filter	Шүүлтүүр
Flavor	Амт
Grind	Грин
Liquid	Шингэн
Milk	Сүү
Morning	Өглөө
Origin	Гарал Үүсэл
Price	Үнэ
Sugar	Элсэн Чихэр
Water	Ус

Countries #1
Улс Орнууд #1

Brazil	Бразил
Canada	Канад
Egypt	Египет
Finland	Финланд
Germany	Герман
Iraq	Ирак
Israel	Израиль
Italy	Итали
Latvia	Латви
Libya	Ливи
Morocco	Марокко
Nicaragua	Никарагуа
Norway	Норвеги
Panama	Панам
Poland	Польш
Romania	Румын
Senegal	Сенегал
Spain	Испани
Venezuela	Венесуэл
Vietnam	Вьетнам

Countries #2
Улс Орнууд #2

Albania	Албани
Denmark	Дани
Ethiopia	Этиоп
Greece	Грек
Haiti	Гайти
Jamaica	Ямайка
Japan	Япон
Laos	Лаос
Lebanon	Ливан
Liberia	Либери
Mexico	Мексик
Nepal	Непал
Nigeria	Нигери
Pakistan	Пакистан
Russia	Орос
Somalia	Сомали
Sudan	Судан
Syria	Сири
Uganda	Уганда
Ukraine	Украин

Creativity
Бүтээлч Байдал

Artistic	Урлагийн
Authenticity	Оригинал
Dramatic	Эрс
Emotions	Сэтгэл Хөдлөл
Expression	Илэрхийлэл
Fluidity	Хувирамтгай
Ideas	Санаа
Image	Зураг
Imagination	Төсөөлөл
Impression	Сэтгэгдэл
Inspiration	Урам Зориг
Intensity	Эрчим
Intuition	Зөн Совин
Inventive	Бүтээлийн
Sensation	Мэдрэмж
Skill	Ур Чадвар
Spontaneous	Аяндаа
Visions	Үзэгдэл

Diplomacy
Дипломат

Adviser	Зөвлөх
Ally	Холбоотон
Ambassador	Элчин Сайд
Citizens	Иргэд
Civic	Иргэний
Community	Олон Нийтийн
Conflict	Зөрчилдөөн
Diplomatic	Дипломат
Discussion	Хэлэлцүүлэг
Ethics	Ёс Зүй
Foreign	Гадаад
Government	Засгийн Газар
Humanitarian	Хүмүүнлэгийн
Justice	Шударга Ёс
Languages	Хэл
Politics	Улс Төр
Resolution	Тогтоол
Solution	Шийдэл
Treaty	Гэрээ

Driving
Жолооны

Accident	Осол
Brakes	Тоормос
Car	Машин
Danger	Аюул
Driver	Жолооч
Fuel	Түлш
Garage	Гараж
Gas	Хий
Map	Газрын Зураг
Motor	Мотор
Motorcycle	Мотоцикл
Pedestrian	Явган Хүний
Police	Цагдаа
Road	Зам
Speed	Хурд
Street	Гудамж
Traffic	Замын
Transportation	Тээвэр
Truck	Ачааны Машин
Tunnel	Туннель

Electricity
Цахилгаан

Battery	Зай
Bulb	Чийдэнгийн
Cable	Кабель
Electric	Цахилгаан
Electrician	Цахилгаанчин
Generator	Генератор
Lamp	Гэрэл
Laser	Лазер
Magnet	Соронз
Negative	Сөрөг
Network	Сүлжээ
Objects	Объект
Positive	Эерэг
Quantity	Тоо Хэмжээ
Socket	Сокет
Storage	Хадгалах
Telephone	Утас
Television	Телевиз

Energy
Энерги

Battery	Зай
Carbon	Нүүрстэй
Diesel	Дизель
Electric	Цахилгаан
Electron	Электрон
Engine	Хөдөлгүүр
Entropy	Энтропи
Environment	Байгаль Орчин
Fuel	Түлш
Gasoline	Бензин
Heat	Дулаан
Hydrogen	Устөрөгч
Industry	Үйлдвэр
Motor	Мотор
Nuclear	Цөмийн
Photon	Фотон
Pollution	Бохирдол
Renewable	Сэргээгдэх
Turbine	Турбин
Wind	Салхи

Engineering
Инженерийн

Angle	Өнцөг
Axis	Тэнхлэг
Calculation	Тооцоо
Construction	Барилгын
Depth	Гүн
Diagram	Диаграмм
Diameter	Диаметр
Diesel	Дизель
Distribution	Түгээх
Energy	Эрчим Хүч
Engine	Хөдөлгүүр
Gears	Араа
Levers	Хөшүүрэг
Liquid	Шингэн
Machine	Машин
Measurement	Хэмжилт
Motor	Мотор
Propulsion	Хөдөлгөө
Strength	Хүч Чадал
Structure	Бүтэц

Ethics
Ёс Зүй

Altruism	Алтруизм
Compassion	Энэрүүлэх
Dignity	Нэр Төр
Diplomatic	Дипломат
Honesty	Шударга
Humanity	Хүн Төрөлхтөн
Individualism	Хувь Хүн
Kindness	Нинжин Сэтгэл
Optimism	Өөдрөг Үзэл
Patience	Тэвчээр
Philosophy	Философи
Rationality	Оновчтой
Realism	Реализм
Reasonable	Боломжийн
Respectful	Хүндэтгэлтэй
Tolerance	Хүлцэл
Values	Үнэ Цэнэ
Wisdom	Мэргэн Ухаан

Exploration
Хайгуулын

Activity	Үйл Ажиллагаа
Animals	Амьтад
Courage	Зориг
Cultures	Соёл
Determination	Тодорхойлох
Discovery	Нээлт
Distant	Алс
Excitement	Сэтгэл
Exhaustion	Ядаргаа
Hazards	Аюул
Language	Хэл
New	Шинэ
Perilous	Аюултай
Quest	Эрэл
Space	Орон Зай
To Learn	Сурах
Travel	Аялал
Unknown	Үл Мэдэгдэх
Wild	Зэрлэг

Family
Гэр Бүл

Ancestor	Өвөг
Aunt	Авга Эгч
Brother	Ах
Child	Хүүхэд
Childhood	Хүүхэд Нас
Children	Хүүхдүүд
Cousin	Үеэл
Daughter	Охин
Father	Аав
Grandchild	Ач
Grandfather	Өвөө
Grandson	Ач Хүү
Husband	Нөхөр
Maternal	Эхийн
Mother	Ээж
Nephew	Зээ
Paternal	Эцэг
Sister	Эгч
Uncle	Авга Ах
Wife	Эхнэр

Farm #1
Хөдөө аж Ахуйн #1

Agriculture	Хөдөө аж Ахуй
Bee	Зөгий
Bison	Бизон
Calf	Тугал
Cat	Муур
Chicken	Тахиа
Cow	Үхэр
Crow	Хэрээ
Dog	Нохой
Donkey	Илжиг
Fence	Хашаа
Fertilizer	Бордоо
Field	Хэлбэр
Goat	Ямаа
Hay	Хадлан
Honey	Зөгийн Бал
Horse	Морь
Rice	Будаа
Seeds	Үр
Water	Ус

Farm #2
Хөдөө аж Ахуйн #2

Animals	Амьтад
Barley	Арвай
Barn	Амбаар
Corn	Эрдэнэ Шиш
Duck	Нугас
Farmer	Фермер
Food	Хоол
Fruit	Жимс
Irrigation	Усалгаа
Lamb	Хурга
Llama	Тэмээн
Meadow	Нуга
Milk	Сүү
Orchard	Цэцэрлэг
Sheep	Хонь
Shepherd	Хоньчин
Tractor	Трактор
Vegetable	Хүнсний Ногоо
Wheat	Улаан Буудай
Windmill	Салхин Тээрэм

Fashion
Загварын

Affordable	Боломжийн
Boutique	Нэрийн
Buttons	Товчнууд
Clothing	Хувцас
Comfortable	Тав Тухтай
Elegant	Дэгэн
Embroidery	Хатгамал
Expensive	Үнэтэй
Fabric	Даавуу
Lace	Нор
Measurements	Хэмжилт
Minimalist	Минималист
Modern	Орчин Үеийн
Modest	Даруухан
Original	Эх
Pattern	Хээ
Practical	Практик
Style	Хэв Маяг
Texture	Бүтэцтэй
Trend	Хандлага

Flowers
Цэцэг

Bouquet	Ааруул
Calendula	Календула
Clover	Хошоонгор
Daffodil	Даффодил
Daisy	Хонин Нүдэн
Dandelion	Дандельон
Gardenia	Гардения
Hibiscus	Хибискус
Jasmine	Мэлрэг
Lavender	Лаванда
Lily	Сараана
Magnolia	Замбага
Orchid	Орхон
Peony	Цээнэ
Petal	Дэлбээ
Poppy	Намуу
Rose	Сарнай
Sunflower	Наран Цэцэг
Tulip	Алтанзул

Food #1
Хүнсний #1

Apricot	Гүйлс
Barley	Арвай
Basil	Базил
Carrot	Лууван
Cinnamon	Циннамон
Garlic	Сармис
Juice	Шүүс
Lemon	Лимон
Milk	Сүү
Onion	Сонгино
Peanut	Самар
Pear	Лийр
Salad	Салат
Salt	Давс
Soup	Шөл
Spinach	Бууцай
Strawberry	Гүзээлзгэнэ
Sugar	Элсэн Чихэр
Tuna	Туна
Turnip	Манжин

Food #2
Хүнсний #2

Apple	Алим
Artichoke	Артишок
Banana	Гадил
Broccoli	Брокколи
Celery	Селедерей
Cheese	Бяслаг
Cherry	Интоор
Chicken	Тахиа
Chocolate	Шоколад
Egg	Өндөг
Eggplant	Хаш
Fish	Загас
Grape	Усан Үзэм
Ham	Хам
Kiwi	Киви
Mushroom	Мөөг
Rice	Будаа
Tomato	Улаан Лооль
Wheat	Улаан Буудай
Yogurt	Тараг

Force and Gravity
Хүч ба Таталцлын

Axis	Тэнхлэг
Center	Төв
Discovery	Нээлт
Distance	Зай
Dynamic	Динамик
Expansion	Өргөтгөл
Friction	Үрэлт
Impact	Нөлөөлөл
Magnetism	Соронзон
Mechanics	Механик
Momentum	Эрч
Motion	Хөдөлгөөн
Orbit	Орбит
Physics	Физик
Planets	Гаригууд
Pressure	Даралт
Speed	Хурд
Time	Цаг
Universal	Нийтийн
Weight	Жин

Fruit
Жимс

Apple	Алим
Apricot	Гүйлс
Avocado	Авокадо
Banana	Гадил
Berry	Жимсгэнэ
Cherry	Интоор
Coconut	Кокос
Fig	Зураг
Grape	Усан Үзэм
Guava	Гуава
Kiwi	Киви
Lemon	Лимон
Mango	Манго
Nectarine	Нектарин
Orange	Улбар Шар
Papaya	Гуа
Peach	Тоор
Pear	Лийр
Pineapple	Хан Боргоцой
Raspberry	Бөөрөлзгөнө

Gardening
Цэцэрлэгжүүлэлт

Blossom	Цэцэг
Botanical	Ботаник
Bouquet	Ааруул
Climate	Уур Амьсгал
Compost	Бордоо
Container	Чингэлэг
Dirt	Шороо
Edible	Хүнсний
Exotic	Чамин
Floral	Цэцгийн
Foliage	Навч
Hose	Хоолой
Moisture	Чийг
Orchard	Цэцэрлэг
Seasonal	Улирлын
Seeds	Үр
Soil	Хөрс
Species	Зүйл
Water	Ус

Geography
Газарзүй

Altitude	Өндөр
Atlas	Атлас
City	Хот
Continent	Тив
Country	Улс
Hemisphere	Тархи
Island	Арал
Latitude	Өргөрөг
Map	Газрын Зураг
Meridian	Меридиан
Mountain	Уул
North	Хойд
Ocean	Далай
Region	Бүс
River	Гол
Sea	Тэнгэр
South	Өмнөд
Territory	Нутаг
West	Баруун
World	Дэлхий

Geology
Геологи

Acid	Хүчил
Calcium	Кальци
Cavern	Агуй
Continent	Тив
Coral	Шүрэн
Crystals	Талст
Cycles	Цикл
Earthquake	Газар Хөдлөлт
Erosion	Элэгдэл
Fossil	Чулуужсан
Geyser	Гейзер
Lava	Лав
Layer	Давхарга
Minerals	Ашигт Малтмал
Plateau	Төлөг
Quartz	Кварц
Salt	Давс
Stalactite	Сталактит
Stone	Чулуу
Volcano	Галт Уул

Geometry
Геометр

Angle	Өнцөг
Calculation	Тооцоо
Circle	Тойрог
Curve	Муруй
Diameter	Диаметр
Dimension	Хэмжээс
Equation	Тэгшитгэл
Height	Өндөр
Horizontal	Хэвтээ
Logic	Логик
Mass	Масс
Median	Медиан
Number	Тоо
Parallel	Зэрэгцээ
Proportion	Эзлэх Хувь
Segment	Сегмент
Surface	Гадаргуу
Symmetry	Тэгш
Theory	Онол
Triangle	Гурвалжин

Government
Засгийн Газар

Citizenship	Иргэншил
Civil	Иргэний
Constitution	Үндсэн Хууль
Democracy	Ардчилал
Discussion	Хэлэлцүүлэг
District	Дүүрэг
Equality	Тэгш Байдал
Judicial	Шүүхийн
Justice	Шударга Ёс
Law	Хууль
Leader	Удирдагч
Liberty	Эрх Чөлөө
Monument	Хөшөө
Nation	Үндэстэн
National	Үндэсний
Peaceful	Энх Тайван
Politics	Улс Төр
Speech	Яриа
State	Төр
Symbol	Тэмдэг

Hair Types
Үсний Төрөл

Bald	Халзан
Black	Хар
Blond	Шаргал
Braided	Нийлсэн
Braids	Сүлжих
Brown	Бор
Colored	Өнгөтэй
Curly	Буржгар
Dry	Хуурай
Gray	Саарал
Healthy	Эрүүл
Long	Урт
Shiny	Гялалзсан
Short	Богино
Silver	Мөнгө
Soft	Зөөлөн
Thick	Зузаан
Thin	Нимгэн
Wavy	Долгионт
White	Цагаан

Health and Wellness #1
Эрүүл Мэнд, Эрүүл Мэнд #1

Active	Идэвхтэй
Bacteria	Бактери
Bones	Яс
Clinic	Клиник
Doctor	Эмч
Fracture	Хугарал
Habit	Зуршил
Height	Өндөр
Hormones	Гормон
Hunger	Өлсгөлөн
Medicine	Анагаах Ухаан
Muscles	Булчин
Nerves	Мэдрэл
Pharmacy	Эмийн Сан
Reflex	Рефлекс
Relaxation	Амралт
Skin	Арьс
To Breathe	Амьсгалах
Treatment	Эмчилгээ
Virus	Вирус

Health and Wellness #2
Эрүүл Мэнд, Эрүүл Мэнд #2

Allergy	Харшил
Anatomy	Анатоми
Appetite	Хоолны Дуршил
Blood	Цус
Calorie	Илчлэг
Dehydration	Шингэн
Diet	Хоолны Дэглэм
Disease	Өвчин
Energy	Эрчим Хүч
Genetics	Генетик
Healthy	Эрүүл
Hospital	Эмнэлэг
Hygiene	Эрүүл Ахуй
Infection	Халдвар
Massage	Массаж
Nutrition	Хоол Тэжээл
Recovery	Сэргээх
Stress	Стресс
Vitamin	Витамин
Weight	Жин

Herbalism
Гербализм

Aromatic	Үнэрт
Basil	Базил
Beneficial	Ашигтай
Culinary	Хоолны
Fennel	Феннел
Flavor	Амт
Flower	Цэцэг
Garden	Цэцэрлэг
Garlic	Сармис
Green	Ногоон
Ingredient	Орц
Lavender	Лаванда
Marjoram	Маржорам
Mint	Гаа
Oregano	Орегано
Parsley	Яншуй
Plant	Ургамал
Rosemary	Розмари
Saffron	Саффрон
Tarragon	Таррагон

Hiking
Явган Аялал

Animals	Амьтад
Boots	Гутал
Camping	Зуслан
Cliff	Хад
Climate	Уур Амьсгал
Guides	Хөтөч
Hazards	Аюул
Heavy	Хүнд
Map	Газрын Зураг
Mosquitoes	Шумуул
Mountain	Уул
Nature	Байгаль
Orientation	Чиглэл
Preparation	Бэлтгэл
Stones	Чулуу
Sun	Нар
Tired	Ядарсан
Water	Ус
Weather	Цаг Агаар
Wild	Зэрлэг

House
Байшин

Attic	Мансарда
Broom	Дэрс
Curtains	Хөшиг
Door	Хаалга
Fence	Хашаа
Fireplace	Задгай
Floor	Шал
Furniture	Тавилга
Garage	Гараж
Garden	Цэцэрлэг
Keys	Түлхүүр
Kitchen	Гал Тогоо
Lamp	Гэрэл
Library	Номын Сан
Mirror	Толь
Roof	Дээвэр
Room	Өрөө
Shower	Шүршүүр
Wall	Ханын
Window	Цонх

Human Body
Хүний Бие

Ankle	Шагай
Blood	Цус
Bones	Яс
Brain	Тархи
Chin	Чин
Ear	Чих
Elbow	Тохой
Face	Нүүр
Finger	Хуруу
Hand	Гар
Head	Толгой
Heart	Зүрх
Jaw	Эрүү
Knee	Өвдөг
Leg	Хөл
Mouth	Ам
Neck	Хүзүү
Nose	Хамар
Shoulder	Мөрөн
Skin	Арьс

Jazz
Жазз

Album	Цомог
Applause	Алга Ташилт
Artist	Зураач
Composition	Бүтэц
Concert	Концерт
Drums	Бөмбөр
Emphasis	Онцлох
Famous	Алдартай
Favorites	Дуртай
Genre	Төрөл
Improvisation	Импровизац
Music	Хөгжим
New	Шинэ
Old	Хуучин
Orchestra	Найрал Хөгжим
Rhythm	Хэмнэл
Song	Дуу
Style	Хэв Маяг
Talent	Авьяас
Technique	Техник

Kitchen
Гал Тогооны Өрөө

Apron	Хормогч
Bowl	Аяга
Chopsticks	Савх
Food	Хоол
Forks	Сэрээ
Freezer	Хөлдөөгч
Grill	Шарах
Jar	Жар
Jug	Шавар
Kettle	Данх
Knives	Хутга
Ladle	Шанага
Napkin	Салфетка
Oven	Зуух
Recipe	Жор
Refrigerator	Хөргөгч
Spices	Халуун Ногоо
Sponge	Хөвөн
Spoons	Халбага
To Eat	Идэх

Landscapes
Ландшафтууд

Beach	Далайн Эрэг
Cave	Агуй
Desert	Цөл
Geyser	Гейзер
Glacier	Мөсөн Гол
Hill	Хилл
Iceberg	Мөсөн
Island	Арал
Lake	Нуур
Mountain	Уул
Oasis	Баянзүрх
Ocean	Далай
Peninsula	Хойг
River	Гол
Sea	Тэнгэр
Swamp	Намаг
Tundra	Тундра
Valley	Хөндий
Volcano	Галт Уул
Waterfall	Хүрхрээ

Literature
Уран Зохиол

Analysis	Шинжилгээ
Anecdote	Анекдот
Author	Зохиогч
Biography	Намтар
Comparison	Харьцуулалт
Conclusion	Дүгнэлт
Critique	Шүүмжлэл
Description	Тодорхойлолт
Dialogue	Яриа
Fiction	Уран Зохиол
Metaphor	Зүйрлэл
Narrator	Өгүүлэгч
Novel	Роман
Opinion	Санал
Poem	Шүлэг
Poetic	Яруу Найраг
Rhyme	Холбоц
Rhythm	Хэмнэл
Style	Хэв Маяг
Theme	Сэдэв

Mammals
Хөхтөн Амьтад

Bear	Баавгай
Beaver	Минж
Bull	Бух
Cat	Муур
Coyote	Койоте
Dog	Нохой
Dolphin	Далайн Гахай
Elephant	Заан
Fox	Үнэг
Giraffe	Анааш
Gorilla	Горилла
Horse	Морь
Kangaroo	Кенгуру
Lion	Арслан
Monkey	Сармагчин
Rabbit	Туулай
Sheep	Хонь
Whale	Халим
Wolf	Чоно
Zebra	Зебра

Math
Математик

Angles	Өнцөг
Arithmetic	Арифметик
Circumference	Тойрог
Decimal	Аравтын
Diameter	Диаметр
Division	Хэлтэс
Equation	Тэгшитгэл
Exponent	Илтгэгч
Fraction	Фракц
Geometry	Геометр
Numbers	Тоо
Parallel	Зэрэгцээ
Perimeter	Периметр
Polygon	Полигон
Radius	Радиус
Rectangle	Тэгш Өнцөгт
Square	Квадрат
Symmetry	Тэгш
Triangle	Гурвалжин
Volume	Эзлэхүүн

Measurements
Хэмжилт

Byte	Байт
Centimeter	См
Decimal	Аравтын
Degree	Зэрэг
Depth	Гүн
Gram	Грам
Height	Өндөр
Inch	Инч
Kilogram	Килограмм
Kilometer	Километр
Length	Урт
Liter	Литр
Mass	Масс
Meter	Метр
Minute	Минут
Ounce	Унц
Ton	Тонн
Volume	Эзлэхүүн
Weight	Жин
Width	Өргөн

Meditation
Бясалгал

Attention	Анхаар
Awake	Сэрүүн
Breathing	Амьсгал
Calm	Тайван
Compassion	Энэрүүлэх
Emotions	Сэтгэл Хөдлөл
Gratitude	Талархал
Habits	Зуршил
Happiness	Аз Жаргал
Kindness	Нинжин Сэтгэл
Mental	Сэтгэцийн
Mind	Оюун Ухаан
Movement	Хөдөлгөөн
Music	Хөгжим
Nature	Байгаль
Peace	Энх Тайвны
Perspective	Хэтийн Төлөв
Silence	Чимээгүй
Thoughts	Бодол
To Learn	Сурах

Music
Хөгжим

Album	Цомог
Ballad	Уртын
Chorus	Найрал
Classical	Сонгодог
Harmonic	Гармоник
Harmony	Эв
Improvise	Тоглох
Instrument	Багаж
Lyrical	Уянгын
Melody	Мелоди
Microphone	Микрофон
Musical	Хөгжмийн
Musician	Хөгжимчин
Opera	Дуурь
Poetic	Яруу Найраг
Recording	Бичлэг
Rhythmic	Хэмнэл
Sing	Дуул
Singer	Дуучин
Vocal	Дууны

Mythology
Үлгэр Домог

Archetype	Архетип
Behavior	Зан Төлөв
Beliefs	Итгэл Үнэмшил
Creation	Бүтээл
Creature	Амьтан
Culture	Соёл
Deities	Бурхад
Disaster	Гамшиг
Heaven	Тэнгэр
Hero	Баатар
Immortality	Үхэшгүй
Jealousy	Атаархал
Labyrinth	Лабиринт
Legend	Домог
Lightning	Аянга
Monster	Мангас
Mortal	Мөнх Бус
Revenge	Өшөө Авалт
Strength	Хүч Чадал
Warrior	Дайчин

Nature
Байгаль

Animals	Амьтад
Arctic	Арктик
Beauty	Гоо Сайхан
Bees	Зөгий
Cliffs	Хадан
Clouds	Үүлс
Desert	Цөл
Dynamic	Динамик
Erosion	Элэгдэл
Fog	Манан
Foliage	Навч
Forest	Ойн
Glacier	Мөсөн Гол
Peaceful	Энх Тайван
River	Гол
Sanctuary	Ариун Газар
Serene	Тайван
Tropical	Халуун Орны
Vital	Амин Чухал
Wild	Зэрлэг

Numbers
Тоо

Decimal	Аравтын
Eight	Найм
Eighteen	Арван Найм
Fifteen	Арван Тав
Five	Тав
Four	Дөрөв
Fourteen	Арван Дөрөв
Nine	Ес
Nineteen	Арван Есөн
One	Нэг
Seven	Долоо
Seventeen	Арван Долоо
Six	Зургаа
Sixteen	Арван Зургаа
Ten	Арав
Thirteen	Арван Гурав
Three	Гурав
Twelve	Арван Хоёр
Twenty	Хорин
Two	Хоёр

Nutrition
Хоол Тэжээл

Appetite	Хоолны Дуршил
Balanced	Тэнцвэртэй
Bitter	Гашуун
Calories	Илчлэг
Carbohydrates	Нүүрс Ус
Diet	Хоолны Дэглэм
Digestion	Задаргаа
Edible	Хүнсний
Fermentation	Исгэх
Flavor	Амт
Habits	Зуршил
Health	Эрүүл Мэнд
Healthy	Эрүүл
Nutrient	Шим Тэжээл
Proteins	Уураг
Quality	Чанар
Sauce	Сойз
Toxin	Хор
Vitamin	Витамин
Weight	Жин

Ocean
Далайн

Algae	Замаг
Coral	Шүрэн
Crab	Хавч
Dolphin	Далайн Гахай
Eel	Могой
Fish	Загас
Jellyfish	Медуз
Octopus	Наймаалж
Oyster	Хясаан
Reef	Хад
Salt	Давс
Seaweed	Далайн
Shark	Акул
Shrimp	Шорьс
Sponge	Хөвөн
Storm	Шуурга
Tides	Далайн Түрлэг
Tuna	Туна
Turtle	Яст Мэлхий
Whale	Халим

Pets
Гэрийн Тэжээвэр Амьтад

Cat	Муур
Collar	Хүзүүвч
Cow	Үхэр
Dog	Нохой
Fish	Загас
Food	Хоол
Goat	Ямаа
Hamster	Шишүүхэй
Kitten	Зулзага
Leash	Оосортой
Lizard	Гүрвэл
Mouse	Хулгана
Parrot	Тоть
Paws	Сарвуу
Puppy	Гөлөг
Rabbit	Туулай
Tail	Сүүл
Turtle	Яст Мэлхий
Veterinarian	Малын Эмч
Water	Ус

Philanthropy
Филантропи

Charity	Энэрэл
Children	Хүүхдүүд
Community	Олон Нийтийн
Contacts	Холбоо Барих
Donate	Хандивлах
Finance	Санхүү
Funds	Сан
Generosity	Өгөөмөр
Global	Глобал
Goals	Зорилго
Groups	Бүлэг
History	Түүх
Honesty	Шударга
Humanity	Хүн Төрөлхтөн
Mission	Эрхэм Зорилго
Need	Хэрэгтэй
People	Хүмүүс
Programs	Хөтөлбөрүүд
Youth	Залуучууд

Photography
Гэрэл Зураг

Black	Хар
Camera	Камер
Color	Өнгө
Composition	Бүтэц
Contrast	Тодосгогч
Darkness	Харанхуй
Definition	Тодорхойлолт
Exhibition	Үзэсгэлэн
Format	Формат
Frame	Хүрээ
Lighting	Гэрэлтүүлэг
Object	Объект
Perspective	Хэтийн Төлөв
Portrait	Хөрөг
Shadows	Сүүдэр
Soften	Зөөлрүүлэх
Subject	Сэдэв
Texture	Бүтэцтэй
View	Үзэх
Visual	Харааны

Physics
Физик

Acceleration	Хурдатгал
Atom	Атом
Chemical	Химийн
Density	Нягтрал
Electron	Электрон
Engine	Хөдөлгүүр
Expansion	Өргөтгөл
Experiment	Туршилт
Formula	Томъёо
Frequency	Давтамж
Gas	Хий
Magnetism	Соронзон
Mass	Масс
Mechanics	Механик
Molecule	Молекул
Nuclear	Цөмийн
Particle	Бөөм
Relativity	Харьцангуйн
Universal	Нийтийн
Velocity	Хурд

Plants
Ургамал

Bamboo	Хулсан
Bean	Буурцаг
Berry	Жимсгэнэ
Botany	Ботаникийн
Bush	Буш
Cactus	Кактус
Fertilizer	Бордоо
Flora	Ургамал
Flower	Цэцэг
Foliage	Навч
Forest	Ойн
Garden	Цэцэрлэг
Grass	Өвс
Ivy	Ороонго
Moss	Хөвд
Petal	Дэлбээ
Root	Үндэс
Stem	Иш
Tree	Мод
Vegetation	Ургамлын

Professions #1
Мэргэжил #1

Ambassador	Элчин Сайд
Attorney	Өмгөөлөгч
Banker	Банкир
Cartographer	Зураг Зурагч
Coach	Дасгалжуулагч
Dancer	Бүжигчин
Doctor	Эмч
Editor	Редактор
Firefighter	Гал Сөнөөгч
Geologist	Геологич
Hunter	Анчин
Jeweler	Үнэт Эдлэл
Lawyer	Хуульч
Musician	Хөгжимчин
Nurse	Сувилагч
Plumber	Плюмбер
Psychologist	Сэтгэл Зүйч
Sailor	Далайчин
Tailor	Оёдолчин
Veterinarian	Малын Эмч

Professions #2
Мэргэжил #2

Biologist	Биологич
Chemist	Химич
Dentist	Шүдний Эмч
Detective	Мөрдөгч
Engineer	Инженер
Farmer	Фермер
Gardener	Цэцэрлэгч
Illustrator	Зурагч
Journalist	Сэтгүүлч
Librarian	Номын Санч
Linguist	Хэл Шинжээч
Painter	Зураач
Philosopher	Философич
Physician	Эмч
Pilot	Нисгэгч
Politician	Улс Төрч
Professor	Профессор
Researcher	Судлаач
Surgeon	Мэс Засалч
Teacher	Багш

Psychology
Сэтгэл Судлал

Appointment	Томилох
Assessment	Үнэлгээ
Behavior	Зан Төлөв
Childhood	Хүүхэд Нас
Clinical	Клиник
Cognition	Танин Мэдэхүй
Conflict	Зөрчилдөөн
Dreams	Зүүд
Ego	Эго
Emotions	Сэтгэл Хөдлөл
Experiences	Туршлага
Ideas	Санаа
Perception	Ойлголт
Personality	Хувийн
Problem	Асуудал
Reality	Бодит Байдал
Sensation	Мэдрэмж
Therapy	Эмчилгээ
Thoughts	Бодол
Unconscious	Ухаангүй

Restaurant #2
Ресторан #2

Beverage	Ундаа
Cake	Бялуу
Chair	Дарга
Delicious	Амттай
Dinner	Оройн Хоол
Eggs	Өндөг
Fish	Загас
Fork	Сэрээ
Fruit	Жимс
Ice	Мөс
Lunch	Үдийн Хоол
Noodles	Гоймон
Salad	Салат
Salt	Давс
Soup	Шөл
Spices	Халуун Ногоо
Spoon	Халбага
Vegetables	Хүнсний Ногоо
Waiter	Зөөгч
Water	Ус

Science
Шинжлэх Ухаан

Atom	Атом
Chemical	Химийн
Climate	Уур Амьсгал
Data	Өгөгдөл
Evolution	Хувьсал
Experiment	Туршилт
Fact	Баримт
Fossil	Чулуужсан
Gravity	Таталцлын
Hypothesis	Таамаглал
Laboratory	Лаборатори
Method	Арга
Minerals	Ашигт Малтмал
Molecules	Молекулууд
Nature	Байгаль
Organism	Организм
Particles	Бөөс
Physics	Физик
Plants	Ургамал
Scientist	Эрдэмтэн

Science Fiction
Шинжлэх Ухааны Уран Зохи

Atomic	Атомын
Books	Ном
Chemicals	Химийн Бодис
Cinema	Кино
Distant	Алс
Dystopia	Дистопи
Explosion	Дэлбэрэлт
Fantastic	Гайхалтай
Fire	Гал
Futuristic	Зөгнөлт
Galaxy	Галактик
Illusion	Хуурмаг
Imaginary	Зохиолын
Mysterious	Нууцлаг
Planet	Гараг
Realistic	Бодитой
Robots	Роботууд
Technology	Технологи
Utopia	Утопи
World	Дэлхий

Scientific Disciplines
Шинжлэх Ухааны Салбарууд

Anatomy	Анатоми
Archaeology	Археологи
Biochemistry	Биохими
Biology	Биологи
Botany	Ботаникийн
Chemistry	Хими
Ecology	Экологи
Geology	Геологи
Immunology	Дархлаа
Kinesiology	Кинезиологи
Linguistics	Хэл Шинжлэл
Mechanics	Механик
Meteorology	Цаг Уурын
Mineralogy	Минералоги
Neurology	Мэдрэл
Physiology	Физиологи
Psychology	Сэтгэл Судлал
Sociology	Социологи
Thermodynamics	Термодинамик
Zoology	Амьтан Судлал

Shapes
Дүрс

Arc	Нуман
Circle	Тойрог
Cone	Конус
Corner	Булан
Cube	Шоо
Curve	Муруй
Cylinder	Цилиндр
Edges	Ирмэг
Ellipse	Эллипс
Hyperbola	Гипербола
Line	Шугам
Oval	Зууван
Polygon	Полигон
Prism	Призм
Pyramid	Пирамид
Rectangle	Тэгш Өнцөгт
Side	Тал
Sphere	Бөмбөрцөг
Square	Квадрат
Triangle	Гурвалжин

Spices
Халуун Ногоо

Anise	Гоньд
Bitter	Гашуун
Cardamom	Кардамом
Cinnamon	Циннамон
Clove	Хумс
Coriander	Кориандер
Cumin	Кумин
Curry	Кюри
Fennel	Феннел
Flavor	Амт
Garlic	Сармис
Ginger	Цагаан Гаа
Licorice	Ликорис
Nutmeg	Задь
Onion	Сонгино
Paprika	Амтат Чинжүү
Saffron	Саффрон
Salt	Давс
Sweet	Сайхан
Vanilla	Ваниль

Sport
Спорт

Ability	Чадвар
Athlete	Тамирчин
Body	Бие
Bones	Яс
Cardiovascular	Зүрх Судасны
Coach	Дасгалжуулагч
Cycling	Дугуйн
Dancing	Бүжиглэх
Diet	Хоолны Дэглэм
Goal	Зорилго
Health	Эрүүл Мэнд
Jogging	Гүйлт
Maximize	Өсгөх
Muscles	Булчин
Nutrition	Хоол Тэжээл
Program	Хөтөлбөр
Sports	Спорт
Strength	Хүч Чадал
To Breathe	Амьсгалах

The Media
Хэвлэл Мэдээлэл

Attitudes	Хандлага
Commercial	Арилжааны
Digital	Дижитал
Edition	Хэвлэл
Education	Боловсрол
Facts	Баримт
Funding	Санхүүжилт
Images	Зураг
Individual	Хувь Хүн
Industry	Үйлдвэр
Intellectual	Оюуны
Local	Орон Нутгийн
Magazines	Сэтгүүл
Network	Сүлжээ
Newspapers	Сонин
Online	Онлайн
Opinion	Санал
Radio	Радио
Television	Телевиз

Time
Цаг Хугацаа

Annual	Жилийн
Before	Өмнө
Calendar	Календарь
Century	Зууны
Clock	Цаг
Day	Өдөр
Decade	Арван Жил
Early	Эрт
Future	Ирээдүй
Minute	Минут
Month	Сар
Morning	Өглөө
Night	Шөнө
Noon	Үд
Now	Одоо
Soon	Удахгүй
Today	Өнөөдөр
Week	Долоо Хоног
Year	Жил
Yesterday	Өчигдөр

To Fill
Бөглөх

Bag	Баг
Barrel	Баррель
Basket	Сагс
Bottle	Лонх
Box	Хайрцаг
Bucket	Хувин
Carton	Картон
Crate	Тохь
Envelope	Дугтуй
Folder	Хавтас
Jar	Жар
Packet	Пакет
Pocket	Халаасны
Suitcase	Авдар
Tray	Бохир
Tub	Хоног
Tube	Хоолой
Vase	Ваар
Vessel	Хөлөг Онгоц

Town
Хотхон

Bank	Банк
Bookstore	Номын Дэлгүүр
Cafe	Кафе
Cinema	Кино
Clinic	Клиник
Florist	Цэцэгч
Gallery	Галерей
Hotel	Зочид Буудал
Library	Номын Сан
Market	Зах
Museum	Музей
Pharmacy	Эмийн Сан
Restaurant	Ресторан
Salon	Салон
School	Сургууль
Store	Дэлгүүр
Supermarket	Супермаркет
Theater	Театр
University	Их Сургууль

Universe
Орчлон

Asteroid	Астероид
Atmosphere	Уур Амьсгал
Celestial	Тэнгэрийн
Cosmic	Сансрын
Darkness	Харанхуй
Equator	Экватор
Galaxy	Галактик
Hemisphere	Тархи
Horizon	Хорвоо
Latitude	Өргөрөг
Longitude	Уртраг
Moon	Сар
Orbit	Орбит
Sky	Тэнгэр
Solar	Нарны
Solstice	Туйл
Telescope	Телескоп
Visible	Үзэгдэх
Zodiac	Зодиак

Vacation #2
Амралт #2

Beach	Далайн Эрэг
Camping	Зуслан
Destination	Очих
Foreign	Гадаад
Foreigner	Гадаад Хүн
Holiday	Баярын
Hotel	Зочид Буудал
Island	Арал
Journey	Аялал
Leisure	Чөлөөт Цаг
Map	Газрын Зураг
Mountains	Уулс
Passport	Паспорт
Restaurant	Ресторан
Sea	Тэнгэр
Taxi	Такси
Tent	Майхан
Train	Галт Тэрэг
Transportation	Тээвэр
Visa	Виз

Vegetables
Хүнсний Ногоо

Artichoke	Артишок
Broccoli	Брокколи
Carrot	Лууван
Cauliflower	Цэцэгт Байцаа
Celery	Селөдерей
Cucumber	Өргөст Хэмх
Eggplant	Хаш
Garlic	Сармис
Ginger	Цагаан Гаа
Mushroom	Мөөг
Onion	Сонгино
Parsley	Яншуй
Pea	Вандуй
Pumpkin	Хулуу
Radish	Улаан Лууван
Salad	Салат
Shallot	Шаллот
Spinach	Бууцай
Tomato	Улаан Лооль
Turnip	Манжин

Vehicles
Тээврийн Хэрэгсэл

Airplane	Онгоц
Bicycle	Унадаг Дугуй
Boat	Завь
Bus	Автобус
Car	Машин
Caravan	Жингийн
Engine	Хөдөлгүүр
Ferry	Гарам
Helicopter	Нисдэг Тэрэг
Motor	Мотор
Raft	Сал
Rocket	Пуужин
Scooter	Мотортой
Shuttle	Явагч
Submarine	Шумбагч Онгоц
Subway	Метро
Taxi	Такси
Tires	Дугуй
Tractor	Трактор
Truck	Ачааны Машин

Virtues #1
Ариун Журам #1

Artistic	Урлагийн
Charming	Дур Булаам
Clean	Цэвэр
Confident	Итгэлтэй
Curious	Сониуч
Decisive	Шийдвэрлэх
Efficient	Үр Ашигтай
Funny	Хөгжилтэй
Generous	Өгөөмөр
Good	Сайн
Helpful	Тустай
Independent	Бие Даасан
Intelligent	Ухаалаг
Modest	Даруухан
Passionate	Омогтой
Patient	Өвчтөн
Practical	Практик
Reliable	Найдвартай
Wise	Мэргэн

Water
Ус

Canal	Суваг
Damp	Чийгтэй
Evaporation	Ууршилт
Flood	Үер
Frost	Хяруу
Geyser	Халуун Рашаан
Humidity	Чийгшил
Hurricane	Хар Салхи
Ice	Мөс
Irrigation	Усалгаа
Lake	Нуур
Moisture	Чийг
Monsoon	Борооны
Ocean	Далай
Rain	Бороо
River	Гол
Shower	Шүршүүр
Snow	Цас
Steam	Уур
Waves	Долгион

Weather
Цаг Агаар

Breeze	Сэвшээ
Calm	Тайван
Climate	Уур Амьсгал
Cloud	Үүл
Drought	Ган Гачиг
Dry	Хуурай
Flood	Үер
Fog	Манан
Hurricane	Хар Салхи
Ice	Мөс
Lightning	Аянга
Monsoon	Борооны
Polar	Туйлын
Rainbow	Солонго
Sky	Тэнгэр
Storm	Шуурга
Temperature	Температур
Tornado	Торнадо
Tropical	Халуун Орны
Wind	Салхи

Congratulations

You made it!

We hope you enjoyed this book as much as we enjoyed making it. We do our best to make high quality games.
These puzzles are designed in a clever way for you to learn actively while having fun!

Did you love them?

A Simple Request

Our books exist thanks your reviews. Could you help us by leaving one now?

Here is a short link which will take you to your order review page:

BestBooksActivity.com/Review50

MONSTER CHALLENGE!

Challenge #1

Ready for Your Bonus Game? We use them all the time but they are not so easy to find. Here are **Synonyms**!

Note 5 words you discovered in each of the Puzzles noted below (#21, #36, #76) and try to find 2 synonyms for each word.

Note 5 Words from *Puzzle 21*

Words	Synonym 1	Synonym 2

Note 5 Words from *Puzzle 36*

Words	Synonym 1	Synonym 2

Note 5 Words from *Puzzle 76*

Words	Synonym 1	Synonym 2

Challenge #2

Now that you are warmed-up, note 5 words you discovered in each Puzzle noted below (#9, #17, #25) and try to find 2 antonyms for each word. How many lines can you do in 20 minutes?

Note 5 Words from **Puzzle 9**

Words	Antonym 1	Antonym 2

Note 5 Words from **Puzzle 17**

Words	Antonym 1	Antonym 2

Note 5 Words from **Puzzle 25**

Words	Antonym 1	Antonym 2

Challenge #3

Wonderful, this monster challenge is nothing to you!

Ready for the last one? Choose your 10 favorite words discovered in any of the Puzzles and note them below.

1.	6.
2.	7.
3.	8.
4.	9.
5.	10.

Now, using these words and within a maximum of six sentences, your challenge is to compose a text about a person, animal or place that you love!

Tip: You can use the last blank page of this book as a draft!

Your Writing:

Explore a Unique Store
Set Up **FOR YOU!**

MEGA DEALS

BestActivityBooks.com/**TheStore**

Designed for Entertainment!

Light Up Your Brain With Unique **Gift Ideas**.

Access **Surprising** And **Essential Supplies!**

CHECK OUT OUR MONTHLY SELECTION NOW!

- Expertly Crafted Products -

NOTEBOOK:

SEE YOU SOON!

Linguas Classics Team